蒙恩的童貞
安徒生的秘密花園

岳趙 著

崧燁文化

蒙恩的童貞：安徒生的秘密花園
目錄

目錄

空與創造——「星空叢書」總序　　7
星空：天使在歌唱　　7
大地景象：遮羞布與「同體大罪」　　9
自因與「自因」——慾望／恐懼綜合體　　13
創造者與「創造者」　　17
生之恐懼與「臉」的覆滅　　20
同體大死與「生／死恐懼」　　23
仰望星空　　24
敬畏：星空下的親在　　25
星空與創造　　28

序 百年孤獨：兒童版「《聖經》」　　31

第一篇 小雛菊——安徒生的本體隱喻　　37
身世要覽及其他　　38
向死而生——棺槨架上誕生的嬰兒　　38
「一株沼澤裡的植物」：生死攸關的童年　　42
說謊的祖母——家族童話締造者　　45
貧窮的王子——安徒生性格中的文飾成分　　48
父親之死——未完成的英雄詩　　53
母親的祕密　　56
「當著上帝的面，你敢打我麼？」　　61
紅鞋　　64
哥本哈根的艱辛求學　　67
14 歲的流浪漢　　67
歌唱家、舞蹈家還是劇作家？　　71
在文法學校：垂死的孩子　　77

3

重大發現：上帝就在這裡..82
　　　約納斯‧科林——再生之父的情感慰藉..........................85

第二篇 玫瑰——欲愛和藝術之愛的抉擇　93

　情願就這樣困在網中央..94
　　　人學之網的誘惑..94
　　　初試啼聲：海貝格及其夫人..97
　　　齊克果：不是冤家不聚頭..100
　　　查爾斯‧狄更斯：「一切都完了，完了。」..................106
　老單身漢也有愛情..110
　　　關於情場失意的自我總結：金錢與容貌..........................110
　　　初戀：那一雙棕色的眼睛..114
　　　父輩的女兒們：露易絲和蘇菲....................................117
　　　一生所愛：夢幻女神珍妮‧林德................................120
　安徒生式精神戀愛之心理學溯源....................................125
　　　天使般的女孩：「雙重母親」之人間印象....................125
　　　童話照進現實：兄妹愛情模式新篇章............................127
　　　與愛德華、魏瑪大公等男性之間的友情........................130
　　　聖徒的恩賜：在禁慾中得勝......................................135

第三篇 無名的墓碑——「雖然我行過死蔭的幽谷」　139

　童話詩人的誕生..140
　　　太陽頭、集體無意識和童話詩人................................140
　　　哥本哈根的活靶子..149
　　　基督徒的幽默..153
　被藝術之手觸摸的人..157
　　　不為人知的造型藝術家..157
　　　所有的藝術形式之下，隱藏著一個悲痛的世界..............163
　最後的榮耀..170

從兒童期自戀到死亡恐懼的嬗變 170
　　美夢成真——「終有一天，奧登斯要為他張燈結綵。」 174
　　一夢七十年：詩人的最後一瞥 177

第四篇 天國花園——安徒生經典童話作品解析 183
　信仰的言說和不可言說 183
　　原野裡的百合和天空下的飛鳥——生命深處的不可言說 183
　　死亡深淵中的童真和母愛——在無限的棄絕中擁有信念 185
　　《賣火柴的小女孩》引發的一場血案——基督情懷與意識形態的交戰 188

　兩位傑出女性的悲喜人生 191
　　拇指姑娘的微觀世界——現代女性勵志新典範 191
　　海的女兒——童話愛情裡至深的哀慟 194

　病與罪、信靠與救贖 198
　　《銅豬》和《醜小鴨》的自傳性隱喻——一種出身的兩種結局 198
　　《安琪兒》《跛子》等篇章中的病與罪——「同體大病」或者「同體大救」 201

安徒生年表 207

蒙恩的童貞：安徒生的秘密花園
空與創造──「星空叢書」總序

空與創造——「星空叢書」總序

等著他遼遠的歌聲，

重新穿透星空的肺腑。

——《異象》

星空：天使在歌唱

沒見過比梵谷《星夜》更美的星空：

……蒼穹在燃燒，宛如哲人所述的永恆火焰。

星月的夜空在燃燒，在輝煌，在流動，在奔瀉，在旋轉，

在流動和旋轉中奔瀉和輝煌，在流動、旋轉、奔瀉和輝煌中燃燒並耳語，天地間充滿它們耳語的喧鬧——巨大而悄然，神祕又美麗……

安徒生的星空是童話：「一顆星星劃過夜空，又一個人死了……」——連死亡，也變成了一個童話。

齊克果的星空與他一樣孤絕：「就像一株孤傲的冷杉，兀然而立，直指天際，我站立著，不留下一絲陰影，只有岩鴿在我枝枒上築巢。」

「惡是善的星空。」卡夫卡寫下如此「怨毒」的箴言。然而，一旦涉及其猶太血緣，他的星空——連同星空下他的同胞——就會恍若溫柔：「就在兩條小街的分路處，韋瑟站住了，只將身體倚著的手杖拄在對面的街上。一時興起，夜空吸引了他，夜空中的深藍與金黃。他一無所知地凝視夜空，一無所知地稍稍掀起帽子，把頭髮掠到帽下。」

卡夫卡的星空正是亞伯拉罕的星空，無論其下發生何種罪孽，終歸寄託著人類的平安：

我觀看你指頭所造的天，並你所陳設的月亮星宿，便說：「人算什麼？你竟顧念他；世人算什麼？你竟眷顧他。」

蒙恩的童貞：安徒生的秘密花園
空與創造——「星空叢書」總序

萬古之先，亞伯拉罕即被眷顧，也被寄望。人類的平安繫於他，一位「絕對單數性質」的個人——就此而言，他是一位萬古之先的齊克果。他蒙恩擁有無數屬靈後裔、曠世知己或「精神鄰居」，如星星布滿浩瀚的星空。

只是，星星——如地球——既在星空中，也在星空下。

星空下，芸芸眾生不一不異，躋身淚谷，無不背負自己的十字架——恰如猶太人馬克思所言：「人所固有的我無不具有。」

魔鬼、天使齊集於每位世人，翱翔其心空。

心空對應著星空。星空卻恍若沒有魔鬼，唯有天使。

天使意味著光明，光明天使在星空翱翔。

然而，光明天使亦受難天使，一面翱翔天際，一面徜徉地獄——吟唱一首「卡夫卡式」（Kafkaseque）的天使之歌：

相比地獄最深處的人，無人能唱得更純潔。凡我們以為天使的歌唱，其實是他們在歌唱。

光明天使在歌唱。受難天使在歌唱。光明天使是牛頓、巴哈、梵谷、安徒生、齊克果、卡夫卡……而就其人生的無奈與悲苦，他們也是受難天使。好在，無論光明或受難，他們都在歌唱：用藝術，也用思想。從各自地獄的至深處，他們背負著自己的十字架——既是純潔的歌唱，更是虔誠的禱告，恰如卡夫卡所言：

禱告和藝術，兩者都出於屬靈的激情。面對庸常的選擇，當事人渴望超越和昇華。跟禱告一樣，藝術是一隻伸向未知的手，渴望觸及恩典，而恩典的饋贈，將把藝術轉化為一隻能夠給予的手。

藉卡夫卡代言，我們懂了牛頓，他「創造」了萬有引力的宇宙，卻始終隨身攜帶一本《聖經》。我們也懂了巴哈，在他手上，音樂無非「為了上帝的榮耀」，三百多首清唱套曲和受難曲，篇篇開頭與結束，總要虔誠寫下「求告耶穌」與「榮耀只歸於上帝」。

幾乎一模一樣的話語，見於安徒生的人生終篇。辭世前不到一年，69歲的安徒生親手編定《安徒生童話全集》，之後欣然告白世人：「若我真寫了好的故事，榮耀只歸於上帝！」這番話出自童話《墨水筆和墨水瓶》，其中那位詩人正是安徒生自己。「……那該是多麼愚蠢啊！而我們人，詩人、藝術家、科學上的發明家、將領，卻常常這樣幹。我們誇耀自己，而我們大家實則不過上帝演奏的樂器罷了。光榮只屬於他！」

安徒生童話堪稱兒童版的《福音書》。絕非偶然，巴哈的音樂確乎被人稱為「第五福音書」。

當代音樂大師 L·伯恩斯坦就此做出評價：「巴哈是一位受造，而不是創造者（creator）；然而，作為受造，他敬畏創造者；正因為如此，他的藝術蒙受著創造者的恩典。」

恩典藉星空抵達。

於是，一種儆醒也藉星空抵達，卻彷彿來自塵世。

至深至熾的火焰，騰騰燃燒。就在眾生眼前，深深融入星月的夜空。

那流動、旋轉、燃燒、喧嘩、輝煌著的星月的夜空，與它們融為一體——根系卻深深地，永恆地扎入大地……

大地景象：遮羞布與「同體大罪」

大地上另有什麼本質的景象呢？

從開始結束的地方結束開始，一切都要回到伊甸園現場。「伊甸園被關閉了，萬物都已被改變，那男人既恐懼自己，也恐懼周遭的世界。」

重返伊甸園現場，首先遭遇的，是那件無花果樹葉的遮羞布（loincloth）。

亞當夏娃棄絕絕對之愛（agape）的勸勉，偷吃智慧果，擁有了「如神」的眼光（意識），卻當下意識到肉身的有朽與必死（自我意識）。死亡讓他們恐懼，他們旋以無花果樹葉編織遮羞布，擅加文飾，誰知反而導致心理的、

9

蒙恩的童貞：安徒生的秘密花園
空與創造——「星空叢書」總序

屬靈的死亡恐懼——不是死亡產生恐懼，而是恐懼產生死亡——成就「雖生猶死」的異象。

對於萬物生靈，本來並無死亡，「它不是世界的事實」。

一棵樹有生而不知生：春天發芽，夏天開花，秋天結果，冬天凋零。同樣，它有死而不知死，終其一生不會有死亡意識，更不會恐懼，相反永遠平安。

按同樣的邏輯，對於身體本身，死也「不是世界的事實」。偷吃智慧果之前，亞當夏娃與大千世界同體大在，與萬物生靈不分彼此，與自己的身體渾然一體。對於他們，死亡並不存在。

不幸的是，偷吃智慧果導致意識的「冒起」，結束了道法自然、絕對和諧的關係。人性就此分裂。

分裂首先是人與創造者的分裂，由此引發一系列分裂：人與自然、人與社會、個體與群體、我與你、人與己、意識與無意識、意識與身體……

現在，身體作為無意識，不復與亞當夏娃同體大在，相反，它成為二元—對象化思維（意識）的對象。

意識「誤讀」道法自然的生命節律，異化其本真性質，經投射（projection）而成死亡的虛像，進而誘發死亡恐懼。

這一切固然悲劇，然而至為悲劇者，在於無花果遮羞布的文飾。

文飾是一種無意識行為。在伊甸園的悲劇中，亞當夏娃的文飾意在掩蓋原罪，否認死亡恐懼。

然而，原罪及死亡恐懼不可能掩蓋，相反欲蓋彌彰，藉「反向作用」（reaction formation）投射出來，以慾望的形式向外推諉，嫁禍於人，害人害己：亞當夏娃推卸偷吃智慧果的罪責，其子該隱因嫉妒（推諉的重大副產品、原罪的重要位格）謀殺胞弟亞伯，該隱後裔拉麥淫亂而暴戾，再往後，索多瑪和蛾摩拉更是傷天害理。

顯然，所謂推諉，即「以傷害『他者』來稱義……靠攫取他者生命來證明自己」。但他者與我們同為受造，來自同一位創造者，同體大在，休戚相關。因此，傷害他者，就是傷害我們自己；嫁禍於人，就是嫁禍於人類整體。

自文飾的當下，罪孽與苦難即開始轉移、傳播、擴散；同體大在之人類逐漸淪陷於「同體大罪」，伴隨著同體大欲、大病、大難、大苦、大瘋……直至同體大死。死亡的個體虛像終成群體實像，從心理的、屬靈的事實，演繹為社會的、歷史的真相。恰如保羅所說：「罪始於偷吃智慧果之亞當，終至於普世同體大罪、大死。」

概而言之，文飾即推諉。藉文飾或推諉，原罪欲蓋彌彰，死之恐懼甚囂塵上。

死之恐懼異化道法自然的生之需要，使之膨脹為驕奢的生之慾望。

例如，死之恐懼異化樸素的娛樂天性，忘情於消費主義的生之慾望：窮奢極欲，貪得無厭，爭先恐後，趨之若鶩，爭強鬥狠，不擇手段，贏家通吃，膨脹起泡，放浪形骸，飲鴆止渴，作死造死——直至「娛樂至死」！

因為生之慾望，「你」日益異化為「他」，直至物化為「他物」，無異時下的油田、煤井、礦山、森林、水源、風景、文化……橫遭算計、搶占、掠奪、控制並榨取。

由此釀成不二的雙向災難，禍及社會關係的內外兩面：人性越是物化（社會關係的資源化與各種文化心理汙染），社會就越是向外異化（針對自然的搶占、掠奪、控制、榨取和汙染），反之亦然。

兩者惡性循環，將異化引向極致，終成物化時代——今天的大眾消費時代——其醜陋現實印證了一位作者的深刻批判，對於本處也是精準的概括：「並非自然的動物本性，而恰恰是對驚恐（panic）的掩飾，讓我們活在醜陋之中。」——這正是「失樂園」的路線圖，其間驚心動魄，一路如卡夫卡所說「從煙裡到火裡」，每況愈下，直到「娛樂至死」——正如 N·波茲曼的《娛樂至死》開篇所言：

蒙恩的童貞：安徒生的秘密花園
空與創造——「星空叢書」總序

　　需要與慾望相區別，有如樹與人的區別。一棵樹不會因為聽聞（或意想）明天要遭砍伐，就滿腔仇恨，不擇手段或先下手為強。同樣，一隻獅子絕不會濫殺超過自己需要的牛羚；獅群中當然也不會有爭先的「牛羚富翁」或恐後的「牛羚貧民」。事實上，爭先是慾望，恐後是恐懼，兩者同屬「慾望／恐懼綜合體」，不過是同一枚硬幣的正反兩面。

　　《死亡否認》，薩姆·基恩「前言」。

　　在歐威爾的《一九八四》中，人們受制於痛苦，而在 A·L·赫胥黎的《美麗新世界》中，人們由於享樂失去了自由。簡而言之，歐威爾擔心我們憎恨的東西會毀掉我們，而赫胥黎擔心的是，我們將毀於我們熱愛的東西。

　　這本書想告訴大家的是，可能成為現實的，是赫胥黎的預言，而不是歐威爾的預言。

　　那麼，人類會走向毀滅嗎？

　　是毀於自己熱愛的事物嗎？

　　所熱愛的事物是什麼？

　　如果就是娛樂，那麼娛樂又是什麼？

　　人類所憎恨的事物是什麼？

　　人類之淪喪或假如毀滅，與其所憎恨的事物沒有聯繫嗎？

　　如果有聯繫，那麼，所熱愛的事物與所憎恨的事物，兩者之間，又會有著怎樣一種關聯？

　　……

　　這樣一系列的拷問，直指人類的「被驅性」，對此，卡夫卡箴言第25條進行了深刻的揭示：

　　除非逃進這個世界，否則怎麼會如此興高采烈？

　　卡夫卡替波茲曼說出了隱而未顯的話：「我們之所以熱愛，本質上是因為我們憎惡。」我們憎惡死亡（死之恐懼），於是用瘋狂娛樂的熱愛（生之

慾望)加以文飾,結果反而「娛樂至死」。我們下意識否認死亡,逃離死亡,反而與死亡撞個滿懷。憎惡是事實,熱愛是否認。憎惡是原因,熱愛是結果。經由娛樂至死,熱愛回到憎恨,發現自己就是憎恨,應了精神分析「誤讀出真相」的行話,更見證了詩人對人性命運的深刻穎悟。「抵達出發之地／重新認識自己的起點」,然而,「終點以為我們就是／起點」。

自因與「自因」——慾望／恐懼綜合體

起點還是伊甸園那件遮羞布。這是人類「創造力」的首發式:第一項文明、第一件時裝、第一場娛樂、第一宗產品、第一項成果⋯⋯

如前所述,遮羞布的目的很簡單:否認死亡,掩飾驚恐。也可理解為生之慾望:亞當夏娃棄絕創造,墜入死亡的虛空,如驚恐的溺水者,抓住了遮羞布這根稻草。「抓」是慾望的現象,結果「抓出了」——或者說「創造了」——遮羞布的文明。

遮羞布意味著一個誘因系列:棄絕創造者—自我意識—死亡—原罪—死亡恐懼—生之慾望。在這個系列中,內在誘因是棄絕創造者,表象誘因是生之慾望。或者說,在掩飾驚恐的同時,「文飾」已然走向慾望。

一方面,慾望文飾著恐懼;另一方面,如前所述,慾望不過是恐懼的反向作用。

於是,文飾的過程和結果呈現為一個絕妙的公式:慾望／恐懼或慾望／恐懼綜合體——這是人性的核心成分與機制。

其中,「慾望」是表象,掩蓋(文飾)著其下實質性的「恐懼」。表象的慾望越熾熱,說明其下的恐懼越強烈。

換一個角度,無論個體還是群體,作為表象的慾望,既可「正面」表達為消費狂歡、娛樂至死,也可「反面」暴露為垂死掙扎——有如溺水者抓稻草。

綜而言之,慾望激發個體之粒子或粒子組合(如資本家組合)——使之從群體之波脫穎而出,憑空「冒起」,出類拔萃。眾多慾望粒子(或粒子組

合）交相輝映，形成群體的慾望之波，同體大欲，有如眾多肥皂泡花團錦簇、五彩繽紛，掩飾著其下的恐懼——包括個體之粒子的恐懼，也包括群體之波的恐懼。

事實上，正是恐懼驅使個體粒子歸宿於群體，抱團取暖，在絕望與虛空的人性寒冬簌簌發抖如「波」——如此群體之波，有如眾多溺水者生死糾纏，彷彿同體大愛，實則同體大懼乃至同體大死。

如「越焦慮越吃」。又如胡長清、林龍飛等巨貪因「窮怕了」而慾望泛濫。慾望之人為恐懼折磨，雖生猶死，實為作死之人。不過，日常生活中，慾望之「成功者」竟遭豔羨——足見人性之可悲、可憐。

這是「人學」的「波粒互補」或「波粒不二」。在量子力學中，基本粒子具有波粒二象性，但相互排斥，或者說，無法同時被觀察為波和粒子（海森堡不確定性原理）。然而，量子力學的波爾互補原理認為，波粒二象的互斥也意味著同一實驗中不會存在波粒二象的衝突；相反，只有透過二象的互補，才能完成現象的完整的闡釋。

事實上，我們完全可以認為，粒子「本來」就是波，或者說，粒子的「本徵態」處於發散的波態，無處不在，瀰散於整個宇宙，只是被我們的觀察「坍縮」為粒子而已。同理，波「本來」就是粒子——如前所述，粒子不過是波的「道成肉身」。

所有這些個體或群體現象，無論慾望或恐懼，也無論同體大欲、大懼或大死，都以各自的位相，見證著「同體大罪」的事實。

從另一個角度說，「文飾」一舉，在掩蓋恐懼的同時，貌似也在掩蓋慾望。然而，「文飾」一詞，其本身的含義，與其說是掩飾，不如說是浪漫。文飾當然在掩飾慾望，但更在浪漫慾望——這正是「遮羞布」或文明的根本功能。就此而言，文飾就是文明，反之亦然，文明就是文飾，更不用說「娛樂至死」的文明。

不過，慾望只是心像，文明卻是物像。

心像是投射（projection）的產物，物像是企劃（project）的結果。

藉由上述邏輯，不難理解亞當夏娃深層心理的無意識機制：

他們投射慾望為企劃，轉而享受由慾望所企劃的「文明」。

他們試圖以慾望的文明來稱義，卻不料慾望是恐懼的反向作用，即對恐懼的文飾。

他們所作所為，貌似出自嚮往「生命果」的慾望，實質卻源於偷吃「智慧果」的恐懼。

他們對於恐懼渾然不知，唯其如此，他們完全淪為恐懼的奴隸。

恐懼驅趕著他們，令他們殫精竭慮，一路「從煙裡逃到火裡」，彷彿奔往生命，其實逃向死亡。

死亡作為起點——如保羅·策蘭所說——判決他們自己就是終點：

不作死，不會死！然而，人的本性就是作死、造死。

因偷吃智慧果，人性雖生猶死。

借用史賓諾沙之語，這正是所謂的「自因」——這個詞已然描述了至為諷刺的結局：

就其慾望／恐懼的本性，兩者都是虛像，意味著虛無、否定生命、雖生猶死等等。在這樣的意義上，圍繞死亡，無論是個體虛像還是群體實像，或者說，無論是心理的、屬靈的事實，還是社會的、歷史的真相，統統都是雖生猶死的虛像，即《金剛經》所謂「如夢幻泡影」。

可參比卡夫卡箴言第 82、25 條。「我們之所以有罪，並非因為吃了智慧樹之果，而是因為尚未吃生命樹之果。如此背景本身已然有罪。在這樣的背景上，我們覺得自己有罪或沒罪，倒不那麼重要了。」「除非逃進這個世界，否則怎麼會如此興高采烈？」

事實上，這是自伊甸園以來的真相，始終如一。在創造面前，人類自以為異彩紛呈的漫長歷史，卻只是一個同一性的瞬間。同一性（identification）也叫身份。迄今為止，人類掩飾驚恐、逃避罪責的身份始終沒變。

同樣，他們到達的任何終點又成為他們的起點；反之，他們的任何起點當下即成終點。用齊克果的話說：「他們原本就是虛無，所以成了虛無。」絕非偶然，半個世紀之後，尼采宣告「上帝（創造）已死」，人類就此沉陷虛無主義。

這正是「自因」的邏輯機制與必然結局。

偉大的史賓諾沙英年早逝，他最偉大的著作《倫理學》在他死後得以發表。第一部分「論神」開篇定義如下：

自因（causa sui），我理解為這樣的東西，它的本質即包含存在，或者它的本性只能設想為存在著。

史賓諾沙一路證明下來，到第一部分「命題25」得出結論說：

概而言之，神既謂之自因，同理也必然謂之萬物的原因。

所謂自因，可理解為自存在、自運動、自啟示、自演繹、自表述、自規定、自定義、自義……概而言之，自因即「自有永有」或「我是我所是」。這樣一種屬性，唯創造獨有，無法加以二元—對象化，因而不會產生分裂，也無法成為理性觀照的「目標圖式」（target view）。至多只能按弗羅姆、田立克等人的建議，加以「否定式神學」的體認：自因「不是什麼……是無限……不是不善……不是不公正」。人越意識到理性無法把握自因，他關於自因的體認就越深刻，越豐富。

不幸的是，亞當夏娃棄絕了自因之創造，在驚恐中，如溺水者抓稻草一般，抓住了，「創造」了那條「自因」的遮羞布，並就此以「創造者」自居：憑遮羞布的浪漫來「自因」，藉文明的燦爛來「自義」。

如前所述，他們試圖以慾望證明自己不恐懼，卻忘記了慾望正是恐懼的反向作用。而遮羞布或文明，最終不過是慾望心像的物像，是慾望／恐懼綜合體的一個位相。

創造者與「創造者」

佛洛伊德悲觀地認為,一切文明巧智無非自我催眠的「自戀物」,包括「遮羞布」(時裝)、美化的身體、化妝品、名包、名表、豪車、人造風景、摩天大樓……

摩天大樓又稱「巴比倫塔」或「通天塔」——作為隱喻,齊克果早在 1850 年就有過批判:「鐵路的狂熱,從任何方面來說,無異於修建巴比倫塔的企圖。」

據《希伯來聖經》,巴比倫塔乃伊甸園遮羞布的後續工程,應該算是人類慾望文明的第一座地標。 然而,其功能與伊甸園遮羞布一樣,無非是藉慾望文飾恐懼。 伊甸園事件之後,人類因「自因」而遭大洪水,之後,「他們說,來吧,我們要建造一座城和一座塔,塔頂通天,為要傳揚我們的名……」。這是一項「自因企劃」或「神化工程」(causa sui project),其通天慾望中,暗藏著大洪水的恐懼記憶。

「神化」是冒犯,也是文飾和逃避,既是「自因」對自因的冒犯,也是對於自身驚恐的文飾和逃避。因而,跟伊甸園遮羞布一樣,巴比倫塔也是「自因」的象徵,是慾望／恐懼綜合體的隱喻和投射——這正是齊克果批判「巴比倫塔」所指。 他的批判,本質上適用人類一切文明巧智的「創造」。

人不可能藉文明「自因」成神;相反,人越是「自因」,巴比倫塔修得越高,毀滅就越快,越慘。 被齊克果視為「巴比倫塔」的文明成果不限於鐵路,也包括他那個時代的巴士、汽船、電報、印刷機、安全閥、避震器……他把這一切都歸納為「人類傲慢『慾望／恐懼』的產物」,源於伊甸園那個古老的故事:

這是一個古老的故事。人類做出的發現是人類「掩飾恐懼」的勝利,他們熱情地對待一切,欲將一切事物都用來使這一發明日臻完滿。人類興高采烈,並且「自因」崇拜起自我來了。

齊克果無情嘲諷遮羞布和巴比倫塔的文明。 例如,他挖苦高速印刷機,「使什麼骯髒的糟粕都保證得以出版」,即便用來傳福音,也不會為上帝所

喜悅，否則「上帝至少可以等到……搞到一二台高速印刷機」才降臨！齊克果的虔誠貌似惡毒（卡爾‧巴特語），其實善意而單純，只是希望助我們穿透「文明」的表象，洞悉「自因」的內在邏輯：

人類越是遠離自因之創造，就越是淪陷於文明「創造」之「自因」，進而更加遠離自因之創造……如此惡性循環直至自我毀滅。

因為「自因」，同體大在之人，已然「同體大罪」，進而同體大病，而不限於個人生活的種種焦慮與混亂，也不限於日常的精神疾病、自由衝動或人格謊言。人類作為整體已然罹患「致死之病」，堪稱瘋狂：兩次世界大戰，無數局部戰爭，600萬反猶大屠殺，30萬南京大屠殺，柬埔寨百萬大屠殺，盧安達百萬大屠殺，美國校園槍擊案，911事件，2011年7月23日挪威奧斯陸爆炸槍擊案（布雷維克案），2012年5月24至26日「北美系列食人案」，2011年至今依次發生的埃及事件、利比亞事件和敘利亞事件、伊朗核問題和朝核危機，烏克蘭危機，極端宗教組織其及活動，各類恐怖攻擊，等等等等，其他諸如社會不公、監守自盜、貪汙腐化、生態汙染、食品及藥品安全、伊波拉病毒、「癌症爆炸」或「娛樂至死」……諸般「天災人禍」，無法逐項枚舉。

問題還須從另一方面加以探討。如前所述，所謂文明，無非「巧智」的「創造」，是遮羞布，也是巴比倫塔，是「娛樂」，也是慾望。

慾望是恐懼的反向作用，本身就會激化恐懼。更重要的是，藉慾望消除恐懼，無異飲鴆止渴，必然導致情勢的惡化，包括恐懼的強化。

因而，文明越巧智，娛樂越亡命，死亡恐懼就越深重，進而激發更巧智的文明，更亡命的「娛樂」……就此惡性循環，直至「娛樂至死」或「癌症爆炸」——這正是慾望／恐懼綜合體的「自因」運動：一方面，「娛樂至死」的慾望引發「癌症爆炸」的恐懼；另一方面，「癌症爆炸」的恐懼刺激「娛樂至死」的慾望。兩者的糾纏循環正是「自因」的內在邏輯。

如此「自因」，既是瘋狂，也是彌天大謊：棄絕自因之創造所留下的虛空，竟想藉「自因」之「創造」來文飾。

如此文飾之謊言，無非自欺欺人的「戀物」。

「戀物」（fetish）一詞，另含「偶像」「迷信」「物神」「盲目崇拜之對象」等詞義。如此說來，「自因」就是「自戀」，就是自我崇拜和私人宗教：無論拜物還是拜偶像，最終不過是拜自己。所謂「他戀」，即精神分析所謂移情，不過是「自戀」的巧智之巧智：另找一隻替愛羊／替罪羊，一位可資掌控的「女神」或「男神」，最終還是繞回自我崇拜，以上帝自居，把「自因」當自因，把「創造」當創造。

然而，假借「創造」而棄絕創造，就是與創造相分裂，必然繼發一系列的分裂，最終導致二元—對象化思維模式，形成精神分裂性質的文明。

換句話說，二元—對象化必然導致偶像化，即以偶像或自戀僭越創造，有如時下流行語：

我能！

一切皆有可能！

我的地盤我做主！

相信（迷信）自己！

……

從另一個角度說，這相當於「自因」向自因爭「版權」，受造對創造搶位格。謹舉《創造者》一書為例，該書號稱「史詩性巨著」，其作者號稱「著名文學派史家」，開篇即引普魯斯特語作為全書題詞：「有人說，對上帝最崇高的讚美來自無神論者對上帝的否認。無神論者發現受造物竟如此完美，以致他不再需要一位造物主。」

然而，事實上，任何「創造者」及其「創造」（作品），都受造於自因之創造。

那麼，否認這一點的「創造者」（受造），不過是僭越者，其作品即其「自因企劃」或「神化工程」，無非自我神化的工具。

如此「創造者」，其自身即狂妄而愚蠢，遑論其「創造」（作品）！

然而，「創造者」竟崇拜自己的「創造」（作品），使之「昇華」為「私人宗教」，更是狂妄愚蠢之極！若無創造的拯救，最終必沉淪於無法自拔的虛無主義，自暴自棄直至自我毀滅。

生之恐懼與「臉」的覆滅

一切自暴自棄乃至自我毀滅，無非出於「自因」——在生活中拚命掩飾驚恐，其結果，生活本身成為驚恐——「泉涸，魚相與處於陸，相呴以濕，相濡以沫。」——這是生之恐懼！除見證於「相濡以沫」，也見證於「娛樂至死」「癌症爆炸」「臉」的覆滅……

「臉」本該是心靈的風景線，散發「思想的風範」或「靈魂的沉思」，彰顯尊嚴的存在。然而，在物質主義／虛無主義的大眾消費時代，「臉」很容易物化（reification）和虛化，墮落為「面子」。我們或焦慮（恐懼）於「沒面子」，或亢奮（慾望）於「要面子」；既用「面子」掩飾內心的恐懼，也用「面子」承載內心的慾望。

另一方面，人的本質是一切社會關係的總和。在大眾消費時代（物化時代），我們用「社會關係」維繫「面子」，兩者就此等價：「面子」無非「社會關係」的凝縮；反之，「社會關係」則是「面子」的敷衍。兩者都可能淪喪為物化的符號系統，圍繞它展開一種特殊的「戀物」或「自戀」遊戲——「給面子」。

按此邏輯，「臉」已然淪喪，「面子」和「社會關係」相應解體，人性早晚走向覆滅。

這一切絕非聳人聽聞。

2012 年 5 月 18 日，大名鼎鼎的「臉書」（Facebook）——夢想成真，在美國納斯達克證券交易所隆重上市！緊鑼密鼓的忙碌與熱鬧，掩蓋了三個月前一陣陰森恐怖的咆哮——正好來自 Facebook——那是一條可怕的留言，

威脅要倣法美國校園系列槍擊案,「拿活人來獻祭」,製造轟動效應。留言者為美國巴爾的摩21歲的大學生亞歷山大·金尤阿。

2012年5月24日,加拿大,距巴爾的摩七百公里的蒙特婁,30歲的馬尼奧塔搶先一步下了手。這是一位加拿大雙性戀色情影星。不幸的童年讓他極度渴望出名,憧憬一張為人豔羨的「面子」。他精心選擇了可能產生轟動效應的受害人。

24日深夜至25日凌晨,他在自己家中制服了受害人,隨即安置現場錄影設備——他深諳此道:只要夠狠,網路很快就會給他一個大大的「面子」,讓他一舉成名。攝影機鏡頭正是物化時代的眼睛,用以聚焦於「面子」。眾目睽睽,他殺死受害人,旋用冰箱的碎冰錐狂刺屍體,稍後割下頭顱,肢解軀幹,伸手姦屍,噬食受害人之屍……最後上傳影片至網路——這張網本身就是一個同體大在的「面子」。熱衷其道者,不擇手段追求「點擊率」,「搶占眼球」,就此與馬尼奧塔無異。

緊接下來,5月26日,下午1點55分的美國邁阿密,一個昏昏欲睡的時辰,31歲的美國公民魯迪·尤金,大概帶著一張物化的臉,以一種「最具性感」的方式——赤身裸體,沿麥克阿瑟堤道的人行道獨自行走,踩著自己同樣赤裸的影子。突然,他發現了素昧平生的流浪者羅納德·普普正傍著人行道砌欄小憩。魯迪·尤金隨意看了一眼普普的臉,即刻身不由己,上前凝視,達2分鐘之久。

自1970年始,普普已然流浪42年。在這42年裡,人類社會因死亡恐懼的驅趕正在加速物化;而普普,一位流浪者,40年如一日,孤獨於關係之外,流浪在關係邊緣,一如眼下,在海風濕潤的邁阿密盤桓,而不需要一張「面子」的通行證。相反,以世俗人本主義(secular humanism)眼光看來,因長年戶外露宿,經常仰望星空,他的眼神竟若有些深邃,臉上也彷彿有自由的風味。

流浪讓他的眼中居然猶有星光,多少倖免於「面子」的僭越與壓抑,甚至藉著某種哲學式的冷峻表情,暗自洋溢人性的芬芳,並在2012年5月26

蒙恩的童貞：安徒生的秘密花園
空與創造——「星空叢書」總序

日這個宿命的日子，在下午 1 點 55 分的陽光中，綻放在「最具性感」的麥克阿瑟堤道，遭遇了魯迪·尤金與其胴體一樣赤裸的眼神！

那一刻，魯迪·尤金凝視普普之臉達 2 分鐘之久。這是面對面、「臉對臉」（face to face）一刻，過去就要在這裡了結，未來也會從這裡開啟，所以驚心動魄。這不是一己之私的時刻，這是共有與分享的時刻。此在的歷史就從這裡展開，讓萍水相逢的人親密相連。

魯迪·尤金凝視著面前這張臉。在炎熱的孟夏午後，這張臉讓他恍惚而困惑，讓他懷疑自己生活的意義。他要剝去這張令他困惑的臉，讓它不再是一個贈予。人當然渴望贈予。然而，當贈予令他困惑而痛苦，他寧可用強力意志去揭露這張臉，用他自己的概念之光，暴露這張臉下面蘊藏的神祕。

身不由己，他要吃掉這張臉。這張臉不那麼「面子」，讓人愛恨交加。他愛這張臉，就像飢餓的人愛麵包。他恨這張臉，就像反目的愛人恨彼此。他用凝視闡釋著這張臉，釋放出其中血肉模糊的複調，交融著他自己的正反心像：「面子」的僭越與壓抑，自由的憧憬，缺乏的惆悵與占有的誘惑，或此或彼的衝突與糾結……他撲上去，制服了這位象徵性的他者。他抓下普普的褲子，在性愛般的肉搏中，一口一口，吃掉這張複調的臉……那是長達 18 分鐘身心俱焚的快感，饕餮而精緻……

這近乎完美的暴行，亦然複調，與普普之臉相應的複調，其間複合著同樣血肉模糊的內涵：物化時代的生死恐懼、「通吃」他者的饕餮慾望、極度渴望的「反向作用」、愛恨交織的「相濡以沫」、同體大死的身心糾纏……直至警方趕來。

據目擊者稱，中彈前後，魯迪·尤金一直朝警方的槍口「殭屍一樣咆哮」，大概跟「臉書」上亞歷山大·金尤阿的咆哮相差無幾。即便咆哮的當下，他還在殭屍般橫吞大嚼普普的臉。他，魯迪·尤金，親友眼中完美、溫馨、親切的好人，此刻「就站在那，抬起頭，嘴裡還咬著一塊肉，發出咆哮聲」。他最終吃掉羅納德·普普 80% 的臉，然後永遠告別了這個肥皂泡一般的「面子」世界。

同體大死與「生／死恐懼」

「臉」的覆滅，驚心動魄，再次見證人性的邏輯：我們一直試圖掩飾死之恐懼，所以拚命逃向「娛樂至死」的慾望生活，卻讓慾望把生活本身異化為「生之恐懼」。

有人把死之恐懼定義為人性的一個「常項」。

這一定義提供了一個參照系，讓我們得以深入理解生之恐懼——它恰好是一個「變項」。

隨著人性的「自因」運動，生之恐懼不斷增長，直到足以與死之恐懼「匹配」。

當其峰值壓倒死之恐懼，就發生所謂「生不如死」的現象——在這種情況下，個體的「自因」就會突變為自絕或自殺。

在個體意義上，當代社會自殺人數激增，是生之恐懼的重要證據。

然而，無論死於自殺還是「癌症爆炸」，或者「娛樂至死」，任何個體悲劇，絕非個體一己之私。相反，個體生之恐懼（焦慮）的惡化，正是「同體大罪」的體現，群體危機的見證。

《美麗新世界》作者 A·L·赫胥黎的祖父 T·H·赫胥黎 1894 年寫道：「……一個否定這種（慾望）天性的社會，必然會被外部力量所消滅。……一個被這種天性統治的社會，必然會因內部爭鬥而毀滅。」

後世兩位廣義進化論哲學家也注意到，人類文明藉其「進步」，已然獲得了一種「毀滅潛能」，表現為「集體自殺的潛能」。

不僅個體或局部生活，人類整體生存已然令人驚恐。

哪怕當事人個體置身尚好，但人類生存之網已然「自絕」，懸而未決，在「自因」的盡頭風雨飄搖，人性裏挾著歷史走向終結。

一切有如「娛樂至死」的過程：

蒙恩的童貞：安徒生的秘密花園
空與創造——「星空叢書」總序

我們最初「被驅」於死亡恐懼，以遮羞布式的「浪漫娛樂」為逃避，卻身不由己演變為「亡命娛樂」，乃至成就足以令人驚恐的大眾消費文明。

這絕非聳人聽聞，當今世界亂象——「娛樂至死」「癌症爆炸」以及極端暴恐活動或「伊波拉」（作為象徵）——已然提供了驚天見證，讓人無法逃避整體的生之恐懼。

其結果——概而言之——單純的死之恐懼或生之恐懼相互強化，綜合發展為成熟的生／死恐懼。

這是人性的奇觀：躋身生存之網，當事人身不由己，身陷同體大罪—大病—大恐—大死，求生不得，求死不能；死也恐懼，生也恐懼；既文飾死之恐懼，又掩蓋生之恐懼；活又活不好，死又不想死；常常生不如死，總體雖生猶死……

人性已到自身盡頭。

所幸的是，哪裡有罪哪裡就有恩典，哪裡有危險哪裡就有拯救。

盡頭即終點，然而，保羅·策蘭說得真好——「終點以為我們就是／起點」。

仰望星空

牛頓一生仰望星空。他的信念無比虔誠：浩瀚無涯之星空，只能出自創造者之手。

他……作為一切的主宰而統治所有。……至高的上帝是永恆的、無限的、絕對完美的存在……他是至高者或者最高的完美……是無限的、全能的和全知的，亦即，在自無有窮期到無有窮期的延展中，在從無限到無限的空間中，他統治一切；且他知道一切，無論是已發生的和將要發生的。

他不是永恆和無限（不是對象），而是永恆的和無限的「自因」……一切事物被他包容且在其中運動，但沒有相互的感覺（不會彼此二元—對象化的「鄰舍」）。

牛頓的星空，空間上無邊無涯，時間上無始無終，是天地萬物的終極隱喻，理想見證著創造之自因或自因之創造。

就在牛頓晚年仰望星空的同時，康德呱呱墜地。1788 年，64 歲的康德寫出《實踐理性批判》，在其「結論」部分，開篇講出世人皆知的那句不朽名言：

兩樣事物，吾人越是凝神沉思，越是敬畏不已：那就是頭上星空與心中道德律令。

仔細分析康德此語的前後文，其意自明：吾人與頭上星空「共在」，與心中道德相「關聯」——水乳交融，無法區分，參與著星空的「起始和綿延」，也分享著「普遍而必然的聯結」。如此綿延與聯結，從各個方向否定著「我作為受造之驕傲」，同時也「向我揭明獸性之外的人生」，從而敞開無限昇華的可能。

既然如此，康德的道德律令（包含死亡之律令）與萬事萬物一樣，以頭上星空為前提，事實上，是頭上星空的綿延。

這意味著，對道德律令的敬畏，是星空之敬畏的綿延。

康德毋寧是在說，無論星空或星空的綿延，還是敬畏或敬畏的綿延，最終指向創造的源頭，那位自因自有、是其所是的創造者。

康德實際上是在說，星空尚且令人敬畏，遑論創造星空的那一位。因他自因自有，是其所是，所以無可思考，唯有敬畏。

敬畏：星空下的親在

在康德的陳述中，還包含這樣的推論，與其說親在之人在敬畏，不如說敬畏臨到了親在之人。所謂親在之人，即無可比擬之「我」，無可替代之「每個人」，或曰「絕對單數性質的個體」，不一不異之眾生。

眾生都需要敬畏的仰望或仰望的敬畏。

因為敬畏，星空與律令如約而至，匯成敬畏之約。

蒙恩的童貞：安徒生的秘密花園
空與創造——「星空叢書」總序

現在，敬畏之約率領仰望之人，並同體大在的萬事萬物，向源頭匯聚，向自因回歸。

自因自有、是其所是的創造者永不背約。

只有「自因」的受造會背約。

背約的邏輯本質正是二元—對象化思維。

背約是人禍。沒有天災，只有人禍。同樣，創造者的世界沒有末世，只有當事人一己的「私人末世」。天災或末世，無非二元—對象化思維的惡果。

大地震（或海嘯等）不是天災，而是受造一己的「私人末世」，一個真正齊克果式的「瞬間」（the instant）。

在那個「瞬間」，唯一的選擇是與創造者「同時」。

一百年前，鐵達尼號 8 人樂隊，正是這樣一個「瞬間」的見證，他們演奏著《與「造物」主接近歌》，蒙恩，而非蒙難，於那場「天災人禍」。正如《希伯來聖經》所記，約二千五百年前，面對地震、洪水、瘟疫、刀兵，猶太先知哈巴谷照樣高聲讚美創造者，穩行在恩典的高處，因當下平安的「瞬間」而永生。

其實，對於虔誠敬畏之人，任一「瞬間」均為一己的「私人末世」，構成生死考驗。然而，任一「瞬間」的「同時」，即當下平安的天國。

其實，與創造者「同時」的「瞬間」，已然創造者的恩典。恩典隱喻於十字架（絕對之愛、唯一的終極替罪羊）。那是蒙恩於你的「我與你」（馬丁·布伯），是屬靈的波粒不二和波粒互補，是屬天的關係（nexus）——是永生關係的總和，是不朽生命的本質。

二元—對象化消失了，分裂開始癒合。「萬物分崩離析」之亂象反被「顛覆」，「粗野狂獸」之「驀然巨像」頹然幻滅。「末世」被「翻轉」，平安降臨。

現在，包括自己（self）在內，萬事萬物不再是對象化的偶像或「替愛羊／替罪羊」，相反，重歸無法區分彼此的「鄰舍」。自戀、物戀、分裂、憂鬱、變態、汙染、罪愆……在陽光下像陰影般消散——太陽照好人也照歹

人，雨水降臨義人也降臨不義的人，包括鄰人和仇敵，當然也包括在執著的文飾中放棄沉思的常人，或者在反叛的否認中失之偏頗的哲人（如卡繆）。眾生無不鄰人。一切道德律令和倫理訴求都可委身。現在——當下此刻的「瞬間」，即可與創造者「同時」，從而放心訴求於「美學英雄」或「倫理英雄」……

關於敬畏，世上只有兩種人。

最初，世上只有一種人。某個時刻起，我們不約而同，面對死亡驚恐莫名，面對生活困惑不已。相應的，另一方面，對於「頭上星空」與「當下此刻」，我們真誠默想：「星空」與「當下此刻」是什麼？我是誰？他者是誰？鄰人與仇人是誰？這一切從哪裡來？在此何為？到哪裡去？

無論恐懼、困惑還是沉思，都是在等待恩典——等待敬畏的恩典——卡夫卡藉禱告或藝術所渴望的恩典。

當然，如果願意，可以說，等待，其本身已然恩典。

然而，最終，有人憑藉自由意志選擇了放棄——放棄了恐懼、困惑或沉思，或者說，放棄了等待。

放棄者將一切視為「自然而然」。

這樣的人，只有恐懼及其文飾，不會有敬畏。他／她會辯解說，他／她敬畏（例如父母）。然而，如果連萬物源頭的創造者尚不知敬畏，不知虧欠、感恩和讚美，遑論其他？

每個人都需要回歸源頭的敬畏。一則笑話讀來可笑，思之催人淚下：

A因無比痛苦而求助於精神分析家B，久治未果後，B亮了底牌，低聲建議A去馬戲團，觀看那位小丑表演。原來，B自己其實一樣痛苦無比，實在熬不過去就去馬戲團，那位小丑的表演總會讓他釋懷。A聞言，默然半晌，然後低聲告之，自己正是那位小丑。

蒙恩的童貞：安徒生的秘密花園
空與創造——「星空叢書」總序

有人選擇了敬畏，或者更準確地說，被敬畏選擇。這樣的人，在敬畏帶領下，用感恩的順服，代替了二元—對象化的思考，也以虧欠、痛悔與悔過之心代替了追問之心。

作為萬物之源頭的創造者，無可思考，唯有敬畏。

也可以說，敬畏帶領著他／她，懷著虧欠、痛悔與悔過之心，藉感恩與讚美在思忖。

非《道德經》的自然，更不是史賓諾沙的自因，其實質是為我所有，即自我中心，亦即「自因」。

史蒂芬·霍金信奉科技的「自因」，認定「我們生存的唯一機會就是不要蝸居在地球，而是盡快在太空中擴散開來」，據此力挺載人航宇，鼓勵太空移民的探索。這是驕傲與慾望，更是自卑和恐懼，瘋狂和愚蠢。創造者恩賜如此親愛之地球（不少科學家認為唯一的地球），人類尚且自我糟蹋而致無以生存，遑論冰冷、虛空、漆黑的外太空！

敬畏者因此與創造者融為一體，或者嚴格地說，懷著虧欠、痛悔與悔過之心，在敬畏、感恩與讚美中，他／她踏上了重返伊甸園之路，開始回歸那個永生（不朽）的源頭。

正是在這樣的意義上，自因自有、是其所是的創造者，意味著絕對之愛。

或者說，無可思考、唯有敬畏的創造者，意味著無限之愛。

這是絕對的一元論。

或許有第三種人，從未追問。所以談不上放棄，更談不上敬畏。

星空與創造

敬畏意味著重返星空。星空中的絕對與無限之愛，賦予我們平安的屬天之境。

創造者「我是我所是」。他是唯一真正的自因。他「無名」而「有名」，既是「天地之始」，亦是「萬物之母」。他臨在於諸天之上，萬事之外，也

永駐諸天萬事之內心,體恤芸芸眾生之悲欣;既是眾生之源,為眾生分享,也為感受、感恩、敬畏之所向。

對於敬畏之人,創造者的星空生生不息,意味著一切。

不用說,創造者的星空也包括宇宙大爆炸,更兼容了達爾文的進化論。

滿懷生生世世同體大罪—大病—大死之創痛,敬畏之人已然明瞭,自由意志(自我意識)即便視為進化的產物,並未提供「自因」和悖逆的理由。

相反,敬畏之人終會明察秋毫:悖逆之舉,已然罹罪於慾望/恐懼綜合體,因而棄絕平安。

相反,敬畏是蒙恩,痛悔與悔過是新生,感恩與讚美是屬天的平安。敬畏之人明白,這是他/她一己的生死大計,是天國與地獄的分野。

事實上,進化是自有永有者的自因過程——自存在、自運動、自啟示、自辯證、自演繹、自闡釋、自表述、自規定、自定義、自呈現、自平衡⋯⋯在此過程中,我們經受考驗,也蒙受憐恤,終蒙祝福——因為他是絕對之愛,無限之愛。

因而,文明的困惑,乃是要祝福它真正的主人。

同理,拷問慾望之際,我們已然抵達道法自然的終點,而「終點以為我們就是/起點」。

相應的,如果我們能夠面對驚恐,是因為先已領受勇氣的恩典。

甚至沙漠般的「同體大在」,其絕對孤獨,也是祝福,讓我們「絕對自由」。或者說,無可推諉,只能絕望於人性的終點,而同樣,「終點以為我們就是/起點」⋯⋯

既然如此,那麼,最終,自由意志之惡,自我意識之罪,或者說,始於伊甸園之「自因」的二元—對象化缺憾,創造者已然救贖:

世間萬事萬物,唯自由意志與自我意識之人——能「敬—畏」,能在「敬—畏」中順服(道法自然),能在順服中重生,能在重生中感恩,能因

蒙恩的童貞：安徒生的秘密花園
空與創造──「星空叢書」總序

感恩而自覺虧欠，能在「虧欠／感恩」的激勵中不斷重生，能在如此這般的重生中藉感恩讚美。

讚美創造者的絕對之愛、無限之愛。

因為，正是這一絕對之愛與無限之愛，讓我們能「敬─畏」，能在「敬─畏」中順服，能在順服中重生，能以「同體大罪」之生命領受同體大愛，能代表宇宙萬物感恩讚美。

終而言之──能讓我們由「自因」回歸自因，藉受造之創造來榮耀自因之創造，從終點回到起點，重新成倍地擁有無比豐盛的整個世界──

因為：歷史既是歷史，更是恩典。

同樣：星空既是星空，更是恩典。

序 百年孤獨：兒童版「《聖經》」

　　晝與夜、河流與風暴、走獸與飛禽都預先存在於上帝心中的必然性理念中。它們先在精神的世界裡生長，然後才成為它們現在的樣子。任何一個物質事實都是精神的結局或最終形態，有形的世界是無形的世界的目的或者歸宿。

——《自然沉思錄》愛默生

　　安徒生的童話集，是每一個孩子都願意得到的禮物，也許不僅僅是孩子，大人們也有理由迷戀。喬治·勃蘭兌斯曾說：「安徒生的確幸福！哪一個作家像他一樣有這樣的讀者大眾？他的文字屬於我們曾經一個音節、一個音節辨認過而今天我們依然在閱讀的一類書籍。」

　　目前，幾乎所有有文字的國家都有它的譯本。安徒生童話已經成為僅次於《聖經》的暢銷書籍。

　　不得不說，這真是上帝的美意！

　　1913年，「新文化運動」的主將之一周作人，將安徒生介紹到中國，時至今日，恰逢百年。作為一個深受中國人民愛戴的異國作家，「童話王子」安徒生在我們的文學史上到底處於一個什麼樣的地位呢？請看看學術界的主流評價。

　　朱維之、趙澧先生主編的《外國文學史》（歐美卷）介紹安徒生僅有一小段，而且令人相當沮喪：「安徒生的童話廣泛地描寫了災難深重的人民。在他的童話中，窮人都是勤勞、智慧和品德高尚的人，但他們的遭遇都很不幸。……由於時代和階級的侷限，安徒生的童話也有一些弱點。他不瞭解造成貧富懸殊的社會原因，因此以感傷的眼光看待世界，他筆下的窮人多善良淳樸，但消極，不能反抗，總是在貧困、羞辱的境地裡，只有死亡，沒有出路。」

　　同樣，在由兩位先生主編的《外國文學簡編》（歐美部分）中，評論篇幅稍長一些了，其評論稍有改觀，但依然不容樂觀——「安徒生創作的初期，

蒙恩的童貞：安徒生的秘密花園
序 百年孤獨：兒童版「《聖經》」

丹麥還是落後的國家。封建貴族的殘酷剝削、西歐強國的無情掠奪使丹麥人民陷入災難之中，他的創作如實反映了這個慘痛時代。安徒生童話的基本主題之一是揭示貧富懸殊的社會現實。在《賣火柴的小女孩》中，讀者看到一邊是富人在歡度除夕，一邊是窮人的孩子凍死在街頭。」「安徒生的童話對上層統治階級進行無情的鞭撻和揭露，指出他們都是愚蠢無知的。如在《夜鶯》中，宮中的權貴不知夜鶯為何物，他們把母牛和青蛙的叫聲，誤認為是夜鶯的『歌唱』。」

兩位先生認為安徒生試圖在《賣火柴的小女孩》以及《夜鶯》等作品中表達深刻的「民主精神」，但「只有死亡，沒有出路」，因此勉強將其歸類為三流作家之屬。安徒生真的是這樣一個熱衷於鞭笞、揭露仇恨和弘揚民主精神的作家麼？非也！安徒生在他的自傳《我的一生》中已經說得很清楚：「丹麥的政治生活在那時（19世紀）有了較高的發展，產生著好與壞兩方面的結果。……我覺得沒有必要參與這種事情，因為那時我認為當代的政治對許多詩人來說如同巨大的災難。政治夫人如同一個美人，被她勾引進她的樓閣裡的人都得喪命。……政治不是我的事。上帝派給我的是另一種使命，我過去已意識到這點，現在仍然這樣認識。」

是的，安徒生已經明白無誤地闡釋了自己的觀點，他不愛政治，從來沒有考慮過為政治寫作——他長達七十年的一生從沒有過清晰、明確、固定的政見，從未參加過任何政黨或重大的政治運動。他只愛著自己天上的父親，基督教博愛、仁慈的人道主義特質主宰了他一生的思想和情感體系，使他「一心為公正的、合理的、慈善的、仁愛的和人格道德尊嚴的倫理思想而鬥爭」（韋葦語）。終其一生，他保留著絕對自我的詩人氣質。雖然如此渴望進入上流社會，渴望得到宮廷和民間的認可，渴望得到永恆的不朽，但是，他所有的寫作只依靠詩人的天賦和基督徒的恩賜——穎慧、敏感、柔軟、同情、愛……在他的身上，再次驗證了那條萬年不變的道理——真正的大藝術家，永遠與政治絕緣。

由於安徒生的作品太受歡迎，在時代的狂歡之中，人們很快不再理會其一再表明的衷腸，開始了千奇百怪的解讀——在西方和東方。他們隨意解讀，隨意操控安徒生童話的價值取向，其中，信仰問題首當其衝。

　　因為東西方文化的差異，在東方，從接受安徒生童話之初就開始簡單粗暴地強行「閹割」其思想體系和價值取向。難道宗教真的與文學作品格格不入麼？先不說那些著名的經書本來就是極佳的文學樣本，而且，不容置疑的是：在人類發展史中，宗教一直與文學有著相當密切的關係。文學家在觀審生活，進行文學創作的時候，已經將自己的宗教情感和宗教心理自覺或不自覺地滲透到創作文本當中。宗教需要文學，同時宗教也給文學以巨大的影響。

　　遠在羅馬帝國時期，歐洲社會就與基督教結下了不解之緣。基督教思想滲透到西方社會各個階層、各個角落，深深地影響著社會的進程、民族的心態以及風俗和社會道德規範。基督教成為西方文化的重要組成部分。文學是現實生活的反映，要表現社會生活的各種矛盾，人世間的眾生百態，而西方文學必然會與基督教有著千絲萬縷的聯繫。西方作家在基督教的環境中誕生、成長，宗教就時刻圍繞在他們的身邊，滲透到他們的靈魂深處。在西方文學作品中寫不到宗教生活，看不到宗教意識，那是不可能的。但丁的《神曲》、彌爾頓的《失樂園》、歌德的《浮士德》以及班揚的《天路歷程》等享譽世界的文學作品都與基督文化息息相關。

　　安徒生童話中閃動跳躍著《聖經》靈感的作品幾乎俯拾皆是。在安徒生的童話中，主禱文、讚美詩等基督教特有的詞句有著驚人的重複率，個別作品甚至直接摘錄《聖經》詩句以建構情節。在安徒生的童話世界裡，能聆聽到無所不在、無所不能的上帝之音，能清晰地感受到童話故事是如何「浸浴在《聖經》的靈感中」（保羅亞哲爾語）的。所有芬芳的故事，為每一個愛神的孩子而預備。

　　他告訴我們，面對貧窮時，「老上帝還沒有滅亡」：

　　於是她擁抱他，朝他和藹的眼睛裡望——那裡面充滿了信任、和平和愉快的光。她說：「不過，親愛的，假如老上帝還是活著的，那麼我們為什麼不相信他，不依賴他呢？他數過我們頭上的每一根頭髮，如果我們落掉一根，

蒙恩的童貞：安徒生的秘密花園

序 百年孤獨：兒童版「《聖經》」

他是沒有不知道的。他叫田野上長出百合花，他讓麻雀有食物吃，讓烏鴉有東西抓！」

聽完了這番話以後，丈夫就似乎覺得蒙著他的眼睛的那層膜翳現在被揭開了，束著他的心的那根繩子被鬆開了。好久以來他第一次笑了。他感到他虔誠的、親愛的妻子對他所使的這個聰明的計策、這個辦法使他恢復了對上帝所失去的信心，使他重新有了依靠。射進這房裡的陽光現在更和藹地照到這對善良的人的臉上，薰風更涼爽地拂著他們頰上的笑容，小鳥更高聲地唱出對上帝的感謝之歌。

——《老上帝還沒有滅亡》

死亡不是完結，而是開始：

棺材上堆滿了土，棺材裡面塞滿了土。《讚美詩集》和它的書頁也成了土，那朵充滿了回憶的玫瑰花也成了土。不過在這土上面，新的玫瑰又開出花，夜鶯在那上面唱歌，風琴奏出音樂。

——《祖母》

世上沒有義人，一個也沒有：

「我能不能永遠住在這？」他問。「這要由你自己決定！」仙女回答說，「如果你能不像亞當那樣去做違禁的事，你就可以永遠住在這！」「我決不會去動智慧樹上的蘋果！」王子說，「這有無數的果子跟那個果子同樣美麗。」

——《天國花園》

可是王子還是違背了跟仙女的約定，被逐出了天國。

面對遵守父母之命不能信基督的異教徒：

當她一念出這個神聖的名字的時候，她就顫抖了一下。一股洗禮的火通過了她的全身，她的身體支持不住，她倒了下來，比她所看護的那個病人還要衰弱。

……她的墳墓是掘在墓地的牆外。

但是上帝的太陽照在基督徒的墓地上，也照在牆外猶太女子的墳上。基督教徒墓地裡的讚美歌聲，也在她的墳墓上空盤旋。同樣，這樣的話語也飄到了她的墓上：「救世主基督復活了，他對他的門徒說：『約翰用水來使你受洗禮，我用聖靈來使你受洗禮！』」

——《猶太女子》

此外，安徒生的長篇童話《沼澤王的女兒》，原本就是依據《聖經·出埃及記》——幼年摩西從水面漂來，被埃及王的女兒收養這一情節為基礎框架來組織故事的。類似的例子不勝枚舉。這裡有必要介紹一下這個小小的插曲。葉君健版安徒生童話《筆和墨水壺》的末尾部分是這樣的：

他（詩人）在這些思想中能夠觸覺到自己的心，能夠看到永恆的造物主的一線光明。光榮應該屬於他！

而原文其實是一句禱告：「一切榮耀讚美，皆歸萬能的上帝！」譯者對此進行了些許改動，讓這個故事看上去更加中性。這個改動的目的和對《賣火柴的小女孩》的刻意誤讀是一致的，反映了在當時的時代背景之下，本土意識形態對外來「入侵者」的一種本能的拒斥。

安徒生童話作為具有劃時代意義的兒童文學作品，博愛、慈悲、寬恕等閃耀著人性光芒的基督情懷，才是其核心價值體系，基督教歷來與西方兒童文學關係最為密切。兒童文學作為文學的一個分支，以其明顯有異於其他文學種類的道德教化功能越來越受到人們的重視，特別是 19 世紀浪漫主義運動開展以來，兒童精神成為成人膜拜的對象，人們似乎更願意收集、彙編、創作民間傳說、童話故事、諺語、寓言來證明自己身上的兒童精神。

在時代的文化氛圍中，兒童文學作家如安徒生，將不可避免地使作品呈現出或明顯或隱約的本土文化特色——這是時代和地域的饋贈。在西方社會，很長一段時期內，宗教教義的宣傳成為兒童文學創作中常見的主題思想，甚至到了安徒生時代，這種宗教思想的「殘餘」也沒有被完全消除。

蒙恩的童貞：安徒生的秘密花園
序 百年孤獨：兒童版「《聖經》」

　　它實在也不需要被消除，因為安徒生童話的每一個字都向人們表明了：這是一部寫給孩子們的《聖經》。安徒生早在幼年之時就把自己視為天父的愛子，上帝之愛把他從絕望的貧賤中升高，甚至抬舉到眾人之上。那是絕對的信心、順服和倚靠。他選擇了藝術作為一生所愛，詩歌、遊記、輕歌舞劇、童話、剪紙、繪畫……這個沒有盡頭的天才試圖窮盡所有的藝術方式來表達自己，表達上帝之愛。在閱讀這本書之前，讓我們重複一下他的禱告吧：「主啊，請不要讓我寫下一個不能說明你的字吧！」

第一篇 小雛菊——安徒生的本體隱喻

　　小雛菊，一種散布在田野山頭最常見的花。當年，義大利人幾乎把這些生命力超強的植物當作野草，欲除之而後快。是的，它們本來就只是一種普通的野草花而已，但是它們如此可愛！雛菊有粉、黃、紫、藍等眾多顏色，但白色是最常見也是最美的顏色，嫩黃碩大的花蕊、潔白修長的花瓣，看起來像一朵縮小了的向日葵。安徒生的《雛菊》，是我最喜歡的故事之一，雖然情節並非十分曲折，但故事裡那朵可愛的小雛菊，從出場到謝幕的種種嬌憨模樣，像一縷纖弱但持續不斷的歌音——在我的心頭縈繞不去。

　　安徒生的小雛菊，出生卑微的小草花，日頭照著花中的貴族，也照著它，所以，雖然它意識到自己的卑微，卻並不以卑微為恥，它說：「我能看，也能聽，太陽照著我，風吻著我。我真是天生的幸運！」當孩子們正坐在凳子上學習的時候，小雛菊就坐在自己小小的綠梗上向溫暖的太陽光，向周圍的一切東西學習、瞭解上帝的仁慈。因為它深知，陽光、雨露、土壤以及自己的出生，一切的一切，無不是上帝的美意。

　　它雖然只是那麼小小的一朵，卻是聖潔的代表，對上帝的敬仰和渴慕深藏在它金子般的內心，然而它卻沒有百靈鳥那樣婉轉動聽的歌喉，沒有辦法表達它在靜寂世界中的感知。除了親愛的上帝，沒有人知曉它的心意。它痛苦，但仍感恩，「似乎憂愁，卻常常是快樂的」。在不知不覺間，它的存在成為一首曠野裡的詩……

　　直到有一天，詩人繆塞發現了它，並且讀懂了它：「我愛著，什麼也不說；我愛著，只有我心裡知覺；我珍惜我的祕密，我也珍惜我的痛苦；我曾宣誓，我愛著，不懷抱任何希望，但並不是沒有幸福——只要能看到你，就感到滿足。」

　　詩人讓世人明白了小雛菊的祕密，它的花語是「藏在心中的愛」。

　　小雛菊，安徒生的祕密花園裡最重要的一朵花。

身世要覽及其他

向死而生——棺椁架上誕生的嬰兒

> 他從灰塵裡抬舉貧寒人，從冀堆中提拔窮乏人，使他們與王子同坐，就是與本國的王子同坐。
>
> ——詩篇 113：7～8

1805 年，距今並不遙遠的過去。北半球，丹麥，奧登斯。丹麥由三個島嶼組成，奧登斯處於菲英島的中心，是丹麥的第三大城。但「第三」並不能說明任何問題，丹麥時值內憂外患，國內持續低迷的經濟狀況、保守混沌的政治環境、故步自封的學術氣氛，就連首都哥本哈根也不免「盛名之下，其實難副」，更遑論這排名第三的區區小城了。

這一年，一個嬰孩的誕生正在開啟一個神祕的預言。多年以後，人們才明白，原來這座寂寞的城市一直在等待，等待屬於自己的張燈結綵。

漢斯克里斯汀·安徒生，奧登斯將以永遠的柔情看顧它的幼子，毫無疑問，安徒生是它獻給世界的最好的禮物。

圍繞著上帝飛來飛去的天使也有睏倦的時候，有一天，天使在天國的花園裡看見一朵小雛菊，戀戀不捨，便依偎著它睡著了。

這時，一隻鸛鳥急匆匆地趕來了，它的職責是為人間的媽媽送去孩子。當它看見睡著了的天使，二話不說，張嘴銜住他，轉眼就飛到一個叫漢斯·安徒生的鞋匠家去了。

小雛菊，成為安徒生生命的本體隱喻；而鸛鳥，則成為安徒生最喜愛的鳥之一，它不但肩負神聖的職責，而且還說一口有趣的埃及話。

天使從芬芳喜樂的天國來到人間，並不是沒有緣由。他是榮耀的見證，他要向世人講述那天國的實在，他告訴人們：「有一位可親可愛的上帝會把一切引導到盡善盡美。」好了，讓我們開始人間的故事，雖然故事開頭看上去並不是那麼樂觀。那時，奧登斯是一個封閉、落後、「道德意識相當淡薄」

身世要覽及其他

的城市，雖然名為城市，但直到安徒生出生的 1805 年，奧登斯也沒有專門的水供給和排汙系統，沒有任何類型的公共設施清除垃圾。

汙水從公共廁所和垃圾堆流出，沿著貧民區流下。廣泛分布的汙穢讓居住在此處的人們苦不堪言。除此以外，整個菲英島的貧困居民道德狀況堪憂，他們以放蕩不羈而聞名。生活在城鎮和周邊地區的許多女人，背負著私生子的沉重負擔。據說，菲英島實際上是丹麥人均私生子最多的地區。

一位憂心忡忡的監獄牧師根據 19 世紀菲英島的狀況，得出了以下結論：「整個歐洲都可能發現一些與菲英島的墮落生活相似的地區……霍爾斯頓的農民住在同等肥沃的地區，也有相似的活潑性格，可為什麼他們就比菲英島的農民有更高的道德水平？我們竟發現，菲英島教區的孩子中，私生子占了 20%～30%；是的，甚至教區的大部分婦女都有私生子。」

在這樣的大環境之中，一個擁有父母的孩子真是天生的幸運！父母之愛會讓他安全地進入家庭，再由家庭進入社會。無論如何，他不至於遭受滅頂之災，也不會被放逐到人世的荒蕪之所。而且，正是由於這寶貴的父母之愛，會自然而然地把他引領到天父面前。

安徒生博物館，這是該管剛剛修健時候的模樣。

安徒生的父親漢斯·安徒生（Hans Anderson）是一位貧苦的鞋匠，按照當時的社會等級制度來看，他處於最低賤的階層。但這位鞋匠渴望讀書，

39

蒙恩的童貞：安徒生的秘密花園
第一篇 小雛菊——安徒生的本體隱喻

充滿幻想，擁有真正的詩人氣質，而且萬幸的是，他的孩子完完全全地繼承了他的美好稟賦。

他娶了一位比他年長七歲（一說是十歲）且同樣貧寒的女子安妮·瑪利亞（Anne Marie）為妻，這位女子還有一個私生女，即安徒生同母異父的姐姐卡倫。卡倫幼年尖刻，喜歡挖苦人，像那個時代的窮苦女孩子一樣，早早就離開家去富裕人家做女僕了，但是一直落魄，後來在某紅燈區死去，享年47歲。

安徒生曾經刻意隱瞞過姐姐的存在，其實沒多大必要，這個姐姐對整個家族來說本來就只是一個形同虛設的影子。

1805年，漢斯·克里斯汀·安徒生誕生在奧登斯的某個地方，具體的區域已經不可考，但那一定是一個骯髒、汙穢，充滿許多不堪回憶的住所，以至於安徒生在世時就對他出生地諱莫如深。不過，當事人的緘默也抵擋不了人們的好奇心。大家根據傳說，認定貧民區漢斯·彥斯巷和邦氏住宅區犄角處一所木結構的屋子就是安徒生的出生地。1905年，奧登斯市政當局買下這棟屋子，將其闢為安徒生博物館。

不管出生地是在哪裡，唯一確定的是：當年，他，漢斯·克里斯汀·安徒生，這個呱呱墜地的嬰孩是在家裡分娩的，他出生的婚床在一年以前只是一些木架子，用以安放特朗培伯爵的棺材。當人們將伯爵的棺材抬走以後，鞋匠用這些廢棄了的、用黑布蒙著的木條做成了自己的婚床。從這一點來說，安徒生的出生無疑是「有意味的形式」，他是雙重的「向死而生」，不但就其形式，也就其內在本質而言。

「向死而生」作為西方文明的基本生存論，正好與中國所崇尚的「未知生，焉知死」相悖。棺槨架上誕生，作為一個著重符號，強調了這種生存情態；同時，它也是另一個預言，這個孩子日後必將在必死的恐懼中度過一生。

出生幾天後，安徒生需要到教堂受洗。

由於他一直哭鬧不止，父母也無可奈何，只好抱著哭鬧著的安徒生去了教堂。為他施洗的牧師當時開了一句玩笑，說：「這孩子哭起來像貓似的！」

這句帶有明顯的侮辱性質的話，讓安徒生好強的母親一直念念不忘，說起那位牧師就是「討人嫌的傢伙」！相反，面對哭鬧的孩子，身為安徒生教父的戈瑪爾德卻安慰這位傷心的母親說：「孩子哭聲越大，長大後唱歌的聲音就越好聽。」

安徒生從 2 歲到 14 歲居住在奧登斯這棟木質結構房子裡。當時這棟房子一共住著三家人。今天它是安徒生博物館的一部分。

出生伊始，安徒生就不得不遭受人性之惡的考驗。19 世紀的丹麥，嫌貧愛富的神職人員大有人在，在貧民窟相對密集的區域，這種情況更加嚴重。一句脫口而出的玩笑話，恰恰說明了以這位施洗牧師為代表的神職人員離上帝有多遠。

最終，來自法國的窮移民、老教父戈瑪爾德的寬慰之語卻成為一個綿長的祝福，美麗的歌聲成為安徒生早年最突出的奇妙才能之一。

這一幕只能從安徒生母親的記憶裡重溫的場景，不應該被我們輕易忘記，生命起點處的玄妙往往在其戛然而止的時刻才得以揭曉：惡意的嘲諷雖然冷若冰霜，卻又怎抵得過仁慈善心帶來的融融春光？在長達七十年的漫長人生中，可憐的安徒生總是被各種嘲諷、刁難、曲解、誤讀、侮辱以及種種無法想像之生存困境重重包圍，然而，毫無疑問，在上帝豐盛的慈愛裡，他最終得勝。

「一株沼澤裡的植物」：生死攸關的童年

假作富足的，卻一無所有；裝作窮乏的，卻廣有財物。

——箴言 13

即使世道艱難、家境貧寒，安徒生的童年過得倒也不壞，至少，他活了過來，並享受了相對完整的家庭之愛。童年和家庭的重要性，對於任何一個孩子的成長都顯得生死攸關，而對於一個具有天才特質的孩子來說，就更是如此了。出生在兩百多年前的安徒生，就某些方面來講，確實比我們現在的大多數孩子都幸運。

現在的孩子，舒適、安逸、富足，但隨之而來的惡果是他們小小的心臟也要開始學著包容無限膨脹的慾望。他們總是想要得到更多，他們的慾望總是與世界同步，甚至引領整個世界。更確切地說，是引領整個大眾消費時代。但與之相對的，是孩子們早早斷裂的童年。他們被禁錮在固定的活動場所之中，生生與大自然隔絕，被父母和長輩一味驕縱，不知道俯身、低頭，也意識不到生命的沉重。就此而言，他們在小小年紀之時，就已經全然失去了那作為天才的可能性。

小安徒生和父母生活在唯一的一間小屋裡，逼仄的空間被父親幹活需要的工具、一張床和一張供安徒生睡覺的寬木凳擠滿。然而，對於一個孩童而言，這個小小的房間布滿祕密，值得探索。直到晚年，安徒生依然能夠清晰地回憶起房間裡的一切陳設，他尤其不能忘懷的是那些貼在牆壁上的風景畫片，他說：「（它們）對我就像今天的整座畫廊一樣重要。」

《安徒生在家中》，畫家尼爾斯，拉森・斯泰汶斯（1864年—1941年）據安徒生自傳《我的童話人生》的描述，為安徒生博物館的拱形大廳畫了八幅巨大的油畫，這是其中的一端，描述了安徒生的童年生活。

而安徒生擁有的最早的一座「花園」是一個木箱子，它被安置在屋簷中間，裡面種滿蔥和茴香，常年散發著芬芳微辛的氣味。多年以後，這座小小的花園還在他的童話《冰雪花園》中開著花呢。

無論是「畫廊」還是「花園」，它們都以極其有限的空間回應了一顆童心最初的好奇。風景畫片提供了一種新鮮的審美體驗，而「花園」則讓他可以仔細觀察一株植物的成長過程。當他又長大了一點點以後，更喜歡幻想、走神，連走路時都瞇著眼睛，幾乎完全沉浸在自我的世界之中。不久，他又迷戀上為布娃娃縫製衣服，開始了人生中的第一次創作，而且這個愛好直接帶來兩個後果：

第一，母親對他的手藝頗有期許，此後一直希望他能成為一個裁縫。

第二，創造帶來巨大的激情，讓小小的安徒生似乎無法自持了，他用同樣的一把剪刀學習剪紙，他讓玩偶們演出舞台劇，甚至為它們編寫劇本……一切都是無師自通，他為成為一個天才而隨時準備著。

蒙恩的童貞：安徒生的秘密花園
第一篇 小雛菊——安徒生的本體隱喻

　　父親、母親、祖母是三個最愛他的人，綿密的親情將他包裹，屬於他的小小宇宙光芒閃耀。他喜歡表演，喜歡唱歌，喜歡別人的誇讚，這些都是處於兒童自戀期的典型表現。直到有一天，安徒生在無意中撞見一個老年裸女，很有可能是導致他成年後戀愛受阻的癥結所在。

　　安徒生的祖母經常外出幹些零活賺點錢補貼家用，她的工作之一是為一家醫院看管花園。為了美麗的花朵和不錯的飯食，小安徒生也很樂意去園子裡，順便幫祖母幹點活。有一天，他從門縫裡偷偷張望屋子裡那些瘋瘋癲癲的病人，發現一個赤裸的婦女坐在一大堆乾草上唱歌。

　　當她看到安徒生時，忽然尖叫一聲跳起來，直接朝他衝過去，想要用手臂鉤住他。當看守過來的時候，安徒生已嚇得「趴在地上」「已經半死」了。

　　這次夢魘般的經歷給了安徒生長久的傷害。從各種描述來看，這個裸女的年紀已經不輕，而且是一個瘋子，她的（絕對醜陋的）裸體和瘋狂的行徑對幼年安徒生的心靈產生了巨大衝擊——對一個兒童而言，這個老年裸女的身體幾乎就意味著世界的真相，而且是成年人都不忍直視的真相！

　　蓬亂的毛髮、塌陷的乳房、鬆弛的肚腩……一切都太糟糕了。毫無疑問，這次經歷勢必讓安徒生在潛意識裡對女人的身體產生厭惡和拒斥，並無意識地控制著他對女人的感受。

　　安徒生成年後陷入一種固定的戀愛模式：自說自話，自以為「她」也如此愛自己，承受「她」與別人訂婚的痛苦，逃避然後祝福。值得注意的是，安徒生愛慕的女子年紀大都在20歲左右，出生高貴，教養良好，包括後文要講到的丹麥最高國務參事約納斯·科林的女兒——18歲的露易絲·科林，丹麥著名物理學家漢斯·奧斯特的女兒——16歲的蘇菲·奧斯特，瑞典貴族巴克伯爵的女兒——19歲的瑪蒂爾達，被譽為「瑞典的夜鶯」的23歲的瑞典女歌唱家珍妮·林德等。

　　然而，即使如此，面對著這些美麗而純潔的精靈，他依然缺乏表明自己是一個雄性生物的勇氣；他能夠比任何人都巧妙地把男女之情轉換成一種更博愛的兄妹之情；他一生所有的愛情都是柏拉圖式的。27歲的安徒生曾經這

樣評價過自己：「我對年紀超過 20 歲的女孩總會有一種難以名狀的反感，和她們在一起，我真的會發抖。」看來，這次童年的裸女事件，實在不那麼簡單。

此外，文飾也在逐漸成為安徒生最重要的性格特點之一。一般來說，恐懼什麼，則文飾什麼。對安徒生來說，最恐懼的事情不是降生在一個貧民家庭，而是像其他同樣出身的孩子一樣湮滅無聞。所以，他告訴自己和別的孩子：「我是一位出身高貴、被抱錯了的王子，而且這事千真萬確。上帝和天使找我談過。」

是的，他老是這樣說。一個赤貧的小孩，居然在幼年時就顯示出一種不可抗拒的貴族情結，這是值得研究的。此後，「自以為王子」的文飾心理不但代表了安徒生諸多人格中最具典型意義的子人格，也從此讓安徒生的真實出身成為學術界的一樁懸案。

關於安徒生的身世之謎，近年曾有一種說法異軍突起。有人認為，安徒生是克里斯欽四世國王和他的貴族情婦艾麗斯阿利菲爾德勞爾維格的私生子，正是這樣隱晦的背景，才讓安徒生一路順風地進入上流社會。但是，這個說法已經遭到學者的否定──那個女人在懷上孩子的時候，克里斯欽四世根本就不在丹麥。此外，在 1805 年 4 月 2 日的夜晚──也就是安徒生來到人間的那一天，這位年輕的女伯爵和她的父親一起出席了在奧登斯附近舉辦的一個舞會。

安徒生是上帝的王子而不是國王的王子，但人們寧願附會虛妄的傳說也不願相信真實的神蹟。也有人說安徒生自傳中對童年、家庭背景的描述都有虛構成分，不值得信賴。安徒生的家族一直處於社會底層，而且沒有出過任何顯赫的人物。那麼，安徒生這種得意揚揚、自視甚高的心理優勢到底從何而來呢？

說謊的祖母──家族童話締造者

口吐真言，永遠堅立；舌說謊話，只存片時。

──箴言 12：19

蒙恩的童貞：安徒生的秘密花園
第一篇 小雛菊——安徒生的本體隱喻

　　父親、母親、祖母，毫無疑問，這三個人是安徒生生命中最重要的親人。他們都那麼可親、可愛，宛然生活在童話中的人物一般。事實上，他們真的反覆、多次地進入安徒生的童話和其他文學作品中，本色出演，參與劇中人物的形象塑造。由此，才有了那些讓人無法忘情的角色：《不過是個提琴手》中參軍而死的父親，《賣火柴的小女孩》中的祖母，《她是一個廢物》中的身為洗衣婦的母親……

　　安徒生從小就喜歡把自己想像成美好故事裡的主人翁，當他開始以寫作謀生時，自然免不了將過往的生命體驗投射到這些角色身上去。可以說，透過這些作品，安徒生和自己至親的人，在風刀霜劍的人生舞台之上，聯袂演出屬於自己的童話故事。雖然幾乎都是悲劇，卻因為天父的看顧和憐恤，我們依然在悲劇落幕之後，期待一個喜劇的誕生。

　　1875 年，當安徒生過世以後，留下的遺物中有一個特別的筆記本。安徒生稱之為「記載我童年時所見所聞的故事」。筆記本中記載了一些引言、警句和勵志之類的話。在這本小冊子最後部分的記載中談到了奧登斯和他的童年，以及他父親說的一些話語。

　　第一句格言是：「你的祕密就是自己的囚徒；如果你讓它逃離自己的手掌，你就會成為這個囚徒。」第二句希伯來諺語則是關於家庭的，這句話本身就是一個警世之辭，而深層的含義則更加富有哲理性：「我們所生活的世界並非如母親所言的那樣，而鄰居的說法也許才是事實。」

　　這意味著安徒生為自己的人生保留著諸多祕密，至少在生前，他不準備讓這些祕密公開；而且，他也含蓄地表示了，在他漫長人生中所撰寫的數量龐大的自傳、回憶錄等，也有可能進行了刻意的隱藏和重新組裝。比較起來，倒是信件和日記的可信度更高。毋庸置疑的是，在具有巨大欺騙性的文學領域，安徒生以罕見的真誠貢獻了自己的真實人生的部分縮影。

　　祖母是安徒生童話中津津樂道的對象，她們美麗、仁慈、溫暖，是上帝派來人間的老天使，為兒孫們提供綿綿不絕的愛和庇護。讓人高興的是，小安徒生也有一位這樣的好祖母。

「她是個文靜的、十分和藹可親的老太太，有一雙溫柔的藍眼睛，體格健壯。」她很愛安徒生，經常來看他，是安徒生唯一親近的，也最願意提及的祖輩。總之，祖母是一位非常可愛的人，她填補了那些父母之愛未曾覆蓋到的情感區域，讓小安徒生得以生活在一種更為綿密堅固的家庭之愛中。如果我們非要探究她的罪過，唯一的把柄就是：關於身世，她對自己的孫兒說謊了。

祖母告訴安徒生，她的外祖母曾經是卡塞爾城裡的一位富有、高貴的小姐，後來嫁了一位「喜劇演員」，然後離棄父母與家鄉出走了。由於這一切，她的後代不得不過艱苦的生活。她還告訴安徒生，她自己曾經是一個生活條件優裕的鄉下人的妻子，如今陷入了非常貧困的境地，和她意志薄弱的丈夫住在一間小屋子裡，那是他們最後一丁點可憐的剩餘財物。

但是後來的考證發現，安徒生的祖母是一個病態的說謊者，她告訴安徒生的一切都是謊言。她的外祖母是一個貧困的丹麥女孩，不是一個貴族小姐。她的丈夫也並不是擁有一個農莊的富裕的農民，而是一個貧窮的鄉下人，在遷居奧登斯之前有一塊地，和兒子（安徒生的父親）一樣當過一段時間的鞋匠。

這個謊言非同凡響。祖母在一種夢境般迷離、喃喃自語的幻想中策劃、執行並傳遞這個謊言，直接受眾是自己的兒子和孫子。

後來的學者認為，這個謊言對安徒生產生了重大影響，讓他認為「他的祖先只是因為偶然事件和不走運才沒能進入上流社會。在他看來，他本來就屬於那個社會」。當安徒生和他的父親在接受這個謊言時，也無意識地接受了一個家族的慾望傳遞。

據學者們考證，安徒生的祖父母在遷居奧登斯之前曾是貧窮的農民，也許在某一時期境遇有一些改善，曾經短暫地擁有過一座小農莊，但後來是一貧如洗的窮人。現實太過糟糕，所以她寄託於幻想。

我們可以斷言，一個幸福的人從來不去幻想，只有那些願望難以滿足的人才去幻想。「幻想的動力是尚未滿足的願望，每一個幻想都是一個願望的滿足，都是對令人不滿意的現實的補充。」

祖母用這個關於出身的童話讓自己淒涼的一生得到補償。同時，小安徒生也依靠這個童話逐漸建立起一套完整的自我激勵機制——自以為王子。現在看來，這一對熱愛幻想的祖孫何其相似！

貧窮的王子——安徒生性格中的文飾成分

從亘古，從太初，

未有世界以前，我已被立。

沒有深淵，

沒有大水的泉源，我已生出。

——箴言 8：23～24

雖然安徒生深愛自己的父親、母親和祖母，但卑賤的家庭出身依然讓他高貴的天性受挫。令人煩惱的是，這種受挫如同生之烙印，並不能以割裂親情或者其他方式得以保全，於是，內在的心理機制便表現為文飾。

安徒生是一個擁有奇特稟賦的孩子，至少從三歲起，他便開始展示出與眾不同的才能：超強的記憶力，講故事的才能，還有一副清亮的嗓子。如果這幾點算不上特別稀罕的話，還有一點就顯得尤為重要了，正如前文所強調的那樣，他認為自己是被抱錯了的出身高貴的王子。

一個鞋匠的兒子認為自己是國王的孩子，我認為這是安徒生人生中的重要命題，具有雙重意義。從人本角度來看，這既是一種自我防禦機制，也是一種自我激勵機制。作為家族童話的終極繼承者，安徒生有必要為自己穿戴上人格謊言的防彈衣。由此，我們便不難理解這個男孩奇特性格中的種種文飾成分，而核心其實只是一點：他不承認自己目前的身份，只願意把自己想像成擁有貴族身份的人。

但文飾唯一的不妥在於，它很容易被人識破。既如此，嘲笑和挖苦便在所難免了，而且不幸的是，在相當長的一段時間內，這些負面的議論和評價甚至成為安徒生面臨的輿論主流。於是，有一個詞語幾乎呼之欲出：焦慮。

正是日積月累的生之焦慮發展成最後的精神疾病。尤其是當安徒生涉足文壇以後，他對別人的嘲笑和批評（哪怕並非出於惡意）總是表示出巨大的痛苦和驚恐，這種痛苦和驚恐的程度，遠遠超過一般人對同類事件的反應：他所有的愛情都沒有結果；他終身都擔心自己會像祖父一樣發瘋……總之，生之焦慮幾乎讓他走入絕境。

從神本角度來看，安徒生是虔誠的基督徒，自視為天父的愛子，滄海遺珠，我們當然可以把他看作一位遺落人間的王子。這位受到莫大祝福的基督徒，在生命的任何一個時刻，無論榮耀和歡笑，還是痛苦和憂傷，都不曾忘記親愛的上帝，上帝之愛讓他殘缺的生命得以圓滿，讓他始終高貴、謙和、純淨、悲憫，也正是如此，所有的苦難最終成為祝福。

有宣禮塔、台階和人的東方宮殿（安徒生剪紙作品）

「父親」成為關鍵詞，他因天父的愛而展現出異樣的崢嶸，又因為人間的父親早早地意識到貧窮可能帶給自己的不幸，文飾成為一種無從選擇的必然。還有一件事情證明了安徒生的王子情結是如何根深蒂固。

蒙恩的童貞：安徒生的秘密花園

第一篇 小雛菊——安徒生的本體隱喻

安徒生隨父母搬家後，新居緊靠著奧登斯河，他常常在河邊唱歌和發呆。有一位洗衣裳的老婦人告訴他，河水下面就是中華帝國。這番理論上可以成立的玩笑話立刻讓安徒生陷入了沉思，他幻想著一位中國的王子會挖通地球來看他，讓他擁有名譽和財富，足夠在老家修建一座宮殿。為此，他一夜又一夜，勤奮地繪畫宮殿草圖。

此後，雖然從來沒有到過中國，安徒生卻一直對中國充滿好感，他的不少作品都透露出一種朦朧的東方意象，而童話《夜鶯》和大量剪紙作品更是直接以中國作為背景。在這個童年的細節中，幾乎也奠定了他成年後心理模式的雛形：

一，因為自己是一位王子，所以應該和王子做朋友；

二，名譽和錢財將成為生活的重心（其實他並不愛財，只是不自信，總覺得錢太少）；

三，透過衣錦還鄉報復那些嘲笑、挖苦自己的人。

總之，這個幻想顯示出強大的內驅力，也顯示出天才特有的，幾乎是天賦的自我選擇。伴隨天國之門的開啟，不久，幸運也會降臨。

「王子」繼續在屬世生活中展現他的與眾不同。他討厭和「小丑」沾親帶故。另外，那位具有傑出想像力的，患有精神病的祖父，一直是他避之不及的對象。當祖父走在街上，調皮的孩子們就圍在老爺子身後高聲叫喊，說著帶羞辱性質的話，安徒生則一言不發地躲在一座梯子後面，驚恐地注視著眼前的一切。祖父帶給他的恐懼如此之深，以至於他成年後一直擔心會像祖父一樣瘋掉。

貧窮的王子——安徒生性格中的文飾成分

《中國》（安徒生手跡）選字《克里斯汀妮的畫冊》。中國人吃的是玫瑰糖漿，擦嘴用的是綾羅綢，一座房子鍍的金光閃閃。

安徒生的祖父是奧登斯的怪人之一。他從鄉村進城的時候，喜歡用山毛櫸的枝和花環來裝飾自己的頭。他會帶著裝有各種造型奇異的木雕的籃子，在街上四處溜躂。這些木雕有著非常神祕的表現形式，包括：長著動物腦袋的人，長著翅膀的動物和怪裡怪氣的鳥。

人有著動物的頭，怪獸長著奇怪的翅膀，像是來自另一個世界，這些絕非是正常人所能擁有的東西。祖父常常拿著這些東西送人。有一次，當安徒生正躺在地面跟幾個賭場夥計玩時，祖父突然出現在他面前，盯著他看了很長時間後，嚴肅地問道：「你難道就是拉撒路的兒子嗎？」

此外，不得不提的是，安徒生對漂亮考究的裝扮有種忍不住的迷戀——這種迷戀不是正常的，因為它從幼年一直延續到老年。可見，漂亮考究的裝扮其實是一套高深莫測的符號，所指到一個更加複雜幽微的內心世界——他必須回歸上流社會，不是進入，而是回歸。

安徒生對自己童年的穿著頗為自得：「在穿著方面，我可以說是夠漂亮的。」每當他和父母去劇院看戲的時候，總要穿出一身自以為漂亮的行頭。

蒙恩的童貞：安徒生的秘密花園

第一篇 小雛菊——安徒生的本體隱喻

　　母親和鄰居大嬸把父親的舊衣服改制後給安徒生穿，並在他的胸前綴上三塊綢子，表示是坎肩。此外，他們還把圍巾圍在他脖子上打了一個蝴蝶結，讓他看上去像一個上流社會的公子。可是，一個窮鞋匠的外套能夠好到哪裡去呢？這是一套張揚、浮誇而可笑的裝扮，正像穿著這套衣服的人在別人眼中的形象一樣。

　　不久，貧窮的王子遭遇了生命中的第一段「愛情」，其實就是「puppy love」而已，「小貓小狗之戀」。

　　那時，他大約6歲，正在上第二所小學，一個叫莎拉·海曼的女孩子出現在他的世界裡。「在我的幼小心靈中，她是我美麗童話中的美人。」他們經常在一起玩耍，莎拉的願望是學好算術，以後就可以在莊園主家裡當一位女管家。有一天，安徒生告訴莎拉自己是被抱錯了的、出身高貴的王子，同時還表示自己將來會擁有一座城堡，並且邀請她來住。怕莎拉不信，這個傻孩子還畫了一張城堡的平面圖給她看。女孩冷冷地對身邊的男孩說：「你和你的祖父一樣有精神病！」

　　安徒生在自傳中寫道：「要知道，我對莎拉心懷的是怎樣的親近之情，但換來的卻是她無情的嘲諷和惡意的傷害！我那幼小的心靈萌生的稚嫩的愛情芽苗經受不了這種殘酷的考驗。」我們可以想像一個小男孩自尊受挫的痛苦，雖然這痛苦一開始並沒有為他帶來實質性的傷害，但是，就彷彿一道自動開啟的程序，這段幼年的「puppy love」是一個愛情征途上不好的徵兆，奠定了他此後不斷受阻的基本模式。同時，這段小小的愛情插曲有兩個不同的版本，一個是現實版《我的童話人生》，另一個是幻想版《真愛讓我如此幸福》。

　　儘管如此，我那幻想美好的幼小心靈還是希望故事有一個好的結局，我不能忍受我第一次生長出來的愛情芽苗如此凋落，不能忍受我美麗童話裡的美人如此的無情無義。於是我一邊幻想著，一邊將這個故事修改成這個樣子：一次大火中，奮勇的我救了莎拉，她很感激我，並且因為過去曾對我進行嘲笑而在心中深感歉疚。

這次意外使我們成為好朋友，莎拉也開始走進我構築的童話王國。我們經常到一個奇妙的花園裡玩耍，採摘種種異常美麗的花，坐下來互相傾訴衷情，一塊看有著美麗插畫的書籍。後來，莎拉本人也成了公爵小姐了，於是我們一塊到遙遠的地方去了。

所有這一切，都使我感到快慰極了。

這是安徒生第一次用幻想修改自己遭遇的愛情現實，想像的滿足感完全取代經驗的真實，創作的特殊魅力也在此彰顯。總之，這段「小貓小狗之戀」是安徒生個人情感史上的重大紀元事件。同時，「在幻想中篡改」也是後來他極其鍾愛並擅長的小小伎倆，它的本質是悲情而充滿詩意的。

轉折、信心以及天才的自明性

父親之死——未完成的英雄詩

凡勞苦擔重擔的人，可以到我這裡來，我就使你們得安息。

——馬太福音 11：28

據安徒生在其自傳《我的童話人生》中介紹說，他的祖上曾有過相當不錯的家產。父親漢斯·安徒生身世坎坷，本來是富有農民的孩子，但是卻遭到了不幸：牲口死掉了，農舍被火燒掉了，最後，父親精神失常，母親則帶著自己來到了奧登斯。為了生計，這個孩子開始學做鞋，但是好學的他一直渴望進入正式學堂，接受正規教育。可惜這個美麗的夢想最終還是成了泡影，他只能在繁重的活計中耗損著自己的一生。

安徒生動情地回憶起這樣一幕場景：

我小時候看見一個學生來找他，定了鞋。這個學生把他的書拿給他看，和他談起都學到了什麼。這時，他流淚了。「那原本也應該是我走的路！」他說道。之後，他使勁地親吻我。那一整夜，他再沒有說話。

安徒生的父親出生於 1782 年，1816 年去世。他是一個鞋匠行業的自由師傅，不能被接納為行會成員，也沒有資格僱用任何人，收入菲薄且不穩定。1805 年 2 月 2 日，23 歲的他娶了比自己大七歲（一說是十歲）的安妮為妻。

蒙恩的童貞：安徒生的秘密花園
第一篇 小雛菊——安徒生的本體隱喻

當時安妮已經懷孕，兩個月後生下安徒生。這件事本來就頗有點不尋常，除此以外，安徒生和父親的模樣並不相像。

一生只有短暫34年的漢斯·安徒生其貌不揚，個子不高，有一頭金色的頭髮和一張圓圓的臉龐，他的實際身高只有5英呎5英吋（約1.67公尺），而他的兒子卻和父親大相逕庭：一張長臉，又高又瘦（身高約為1.88公尺），頭髮不是金色而是黑色。不過安徒生對父親始終懷著感激和深切的愛，而且堅信他是自己的生父。

安徒生的父親是一位天資聰穎的人，不但熱愛文學，喜歡為小小的安徒生朗讀霍爾貝、拉封丹的作品以及《天方夜譚》，而且，他還具有自己所屬的那個階層所罕見的理性邏輯思維。

1812年，丹麥曾經觀察到一顆大彗星。正如兩百年後的我們相信瑪雅人的末日預言一樣，當時的人們也從一本叫《西比拉神諭》的書上讀到了類似的預言，惹得到處人心惶惶，但是漢斯·安徒生卻給出了合理的科學解釋。除此以外，這位可敬的父親經常在閒暇時替安徒生製作玩具，教他畫畫。可以說，安徒生從最初的胎教到稍後的啟蒙都直接受惠於他。

父親和母親一樣，都是虔誠的基督徒，但是，和只在領聖餐時才穿上唯一的一套好衣服的母親不一樣的是，父親不但閱讀《聖經》，還反覆思考閱讀過的內容。有一次，父親打開《聖經》說：「基督和我們是一樣的人，不過是一個超凡脫俗、偉大的人！」這句話以現在的教義和語境來理解就是基督道成肉身，確實是人性和神性集中於一體的存在，完全沒錯，但是當時卻顯得過於前衛，以至於「我的母親嚇壞了，一下子哭了起來。我在驚恐中向我們的主祈求，請他原諒我父親這種可怕的褻瀆」。

此外，父親還認為《聖經》很有可能並不是上帝的作品。世界上並沒有什麼地獄，而這些無非都是人們的想像而已。據說《聖經》出自歷代先知之手，因為聖靈的感動，藉著人的口說出神的話語來，那麼父親依然沒錯。至於地獄是否存在，就仁者見仁了。

不過,唯一確定的是,在聽到這「一派胡言」後,虔誠的母親馬上在胸口畫十字,告訴兒子說:「這是魔鬼的胡言亂語,而並不是你父親說的話!他並不是想要表達這個意思!」有一天,當著兒子的面,他甚至對妻子宣稱,世界上沒有什麼魔鬼,真正的魔鬼出自人們的內心。結果有一天在他醒來的時候手臂上出現了三條深深的口子,母親和鄰居都認為是魔鬼夜間來過,要讓鞋匠知道自己的存在。

安徒生後來認為是床板上的釘子劃傷了他。小小的安徒生直接繼承了父親的不少宗教觀點。後面我們將會看到他的信心。有一次,一個地主莊園表示願意找一個鞋匠,並提供住所。莊園送來絲料,要父親自己出皮子,試做一雙跳舞鞋。全家人都很興奮,他們都想去鄉下過好日子。

結果,當父親做好了鞋,用手絹包著,恭恭敬敬地請夫人試穿時,夫人卻惡狠狠地說:「你浪費了我的絲料,我不能僱傭你!」「那我也在乎浪費我的皮子!」父親說,他直接用刀把鞋底割下來了。這是一位不但虔誠,而且很自尊、有血性的父親,但是一家人的願望落空了,他們都哭了。

安徒生在自傳裡感恩而哀傷地回憶道:「上帝本來很容易就可以讓我們得到我們所求的東西。不過他要是這樣做——那我就成了農民,我的未來和我後來的實際情形就完全不一樣了。難道說,我們的主是為了我的未來而讓我的父母失去他們的幸福日子麼?」

差不多從安徒生出生的那一年起,丹麥的經濟開始衰退,1811 年至 1812 年,更是雪上加霜,老安徒生幾乎接不到任何生意,讓這個家庭陷入極端的貧困之中。1812 年,俄法開戰,安徒生的父親接受了一筆錢頂替一個當地的富農去當兵,雖然安徒生認為父親是出於對拿破崙的狂熱崇拜,才懷著建功立業之心上了前線,但事實上,父親參軍,更多的是出於經濟上的考慮,他是在用生命為自己的家庭增加一點苟延殘喘的時間。

父親出征之時,安徒生又不幸患了麻疹,病得氣息奄奄,父親熱烈地吻別了兒子,母親則一路流著淚陪伴父親走到城門口。「那就是我所記得的真正悲哀的第一天。」可是,背水一戰的父親並不走運,他所在的那個旅還在行軍途中,「和平來臨了」。如同一個諷刺,父親又回到了昔日的作坊,但

是長期的行軍生活徹底摧毀了他的健康，帶著未完成的英雄詩，他遺憾地離開了人世。

父親的一生其實是時代的悲劇，安徒生在日後的成長生涯中，必然以巨大的同情一次次反芻父親生平的點滴，直到最後，他會驀然驚覺，父親其實是一位被埋沒的天才，他被致死的貧困和動亂的時代埋沒，就像《銅豬》中那個被藝術喚醒卻早夭的男孩。可怕的是，父親的生命軌跡完全有可能成為安徒生自己的歷史，所有的孩子都無力逃逸父母預設的軌道，無意識地在無止境的重複中成為永恆的階段性表現。

父親演繹的未完成的英雄詩逐漸演變為安徒生自因投射（伊底帕斯情結）的一部分，並參與其人格謊言的締造。他厭惡別人把他和有精神病的老祖父相提並論；他總是把自己想像成美好故事中的主人翁；他對嘲笑過他的貧苦孩子懷有一種恐懼，而這種恐懼正是生之恐懼！因為，並不是嘲笑本身使安徒生恐懼，而是「貧苦」的烙印生生把他圈入了這個他竭盡全力意圖逃逸的階層，而這意味著他將重複父親的宿命！

可以說，至少從這時起，安徒生的性格中開始加入了越來越多的文飾成分，別人總是認為他古怪、虛榮、不合時宜，而且，他後來甚至光明正大地承認了自己的虛榮。安徒生在一封給朋友的信上說：「我的名字開始熠熠生輝，這也是我活著的唯一理由。我覬覦聲名和榮耀，與守財奴覬覦金子如出一轍。」

母親的祕密

立志為善由得我，行出來由不得我。

——羅馬書 7：18

安徒生一生對母親懷著深情的愛，在他的自傳、童話和其他文學作品中，從來不缺乏對母親的謳歌。然而，在對他進行深入瞭解之後，我卻發現這樣一個心酸的事實：安徒生終其一生都不曾贍養自己的母親。1833 年 10 月，母親在濟貧院去世時，他已經透過一系列的詩作、劇本確立了自己在丹麥文壇的地位——需要指出的是，他依然很窮，需要靠「恩人」們的資助生活。

那時，安徒生正為逃避國內的攻擊和一段失意的愛情選擇在國外旅行，當科林小心翼翼地在信中向他透露這個不幸的消息時，他百感交集，說「她終於解脫了」。

我一收到科林的消息，我的第一反應是：「上帝呀，她終於解脫了，我總算安心了！」一想到我失去了這個世上唯一一個天生就會愛我的人，我就禁不住流淚。我悲痛萬分，但卻知道對她來說，這是最好的。我責問自己為什麼不能讓她在最後的日子裡免受悲痛之苦，開心地走完這一生。唯一讓我寬慰的是，我總算稍有成就了。

這個擁有奇妙稟賦的兒子，並沒有為長期靠洗衣度日的母親帶來任何物質上的幫助。雖然他一直也沒有富裕過，並終身為貧窮而苦惱，但對母親的回報，依然還是少了些。

安徒生的母親安妮是一個出身貧寒的女孩，而且還是私生女，她的母親——安徒生的外祖母安妮·索倫斯達特（1743年—1825年）一生和3個男人生了3個孩子，這3個孩子都是非婚生的。

1773年，她被關進奧登斯法庭下的監獄，在那裡她被判處吃一個星期粗劣的飯菜，這是對她「通姦」的懲罰。不可否認安徒生外祖母曾經參與賣淫，並且還開了一家妓院。

這在當時的奧登斯是一種非常普遍的謀生方式。而且，安徒生外祖母生的3個女兒中的一個，就是安徒生的姨媽（1778年—1830年），在哥本哈根參加了有組織的賣淫活動。

生活在這樣一個家庭中，安徒生的母親安妮經歷過的痛苦和破碎，也可想而知。由此我們也明白了，為什麼安徒生從來不提自己的外祖父和外祖母，很有可能連外祖母也不知道他的外祖父是誰。

安徒生對母親的情感，應該是非常複雜的。鑒於他一貫的文飾性格，我們很難從他的自傳中發現蛛絲馬跡，文字看來清白明瞭，毫無破綻。在安徒生的心中，母親「雖不懂世事，卻具有一顆充滿愛的心」。

蒙恩的童貞：安徒生的秘密花園
第一篇 小雛菊——安徒生的本體隱喻

　　不懂世事也是一種天真的美德，更何況，她是一位勤勞、愛整潔的家庭婦女，「窗簾和床單都是雪白的」。「母親愛乾淨、勤勞而且順從丈夫。」更重要的是，母親很愛很愛安徒生，幾乎是溺愛，她以一個出身低賤、沒有文化的婦人所能給予的一切，全心全意地寵愛著自己的幼子。

　　不但如此，她還經常為別人洗衣服補貼家用。洗衣服的時候曾經發生過這樣一個插曲。

　　某天，在她洗衣服的時候，一位剛剛學成歸來，將要成為牧師的年輕紳士偶然看到了她的姿容，便給了她一把錢準備與之春風一度。安妮氣喘吁吁地跑回家，對丈夫哭訴剛才的遭遇，鞋匠氣得舉起拳頭：「就這種人還配當牧師？」安妮一邊哭一邊說道：「不過確實是好大一筆錢呢！」

　　這個小插曲的可信度應該是比較高的，因為安徒生在自己的童話《她是一個廢物》中移植了該故事的某些情節。由此可知，安妮雖然愛財，卻是一位有道德底線的女子。

　　不過，和奧登斯那些處於貧困階層的大部分婦女一樣，母親也有一個私生女，而且性伴侶不止父親一位。那麼，這是母子嫌隙所在麼？在我看來，這一點並不重要，對一個連溫飽都無法滿足的女子而言，遵守普遍意義上的道德律例荒謬而且無稽，願她的天父饒恕她！

　　安妮家境貧寒，從小就被攆出去乞討。有一天，她什麼也沒有討到，就坐在橋下哭了一整天。多年以後，當她把自己幼年遭遇的慘況告訴兒子時，其實還有許多未盡的話亟待言說：「孩子，其實媽媽還遭遇了很多很多……」即使童年時不明白，成年的安徒生也一定會明白母親的苦衷。

　　母親不是壞女人，尤其是當安徒生的父親參軍歸來時，已經被折磨得不成人形，安妮卻沒有任何怨言地接納了這個如同廢人的男人，每天悉心照料，直到他病逝。可以說，在這期間，這個女人的形象光彩奪目，堪比女神。橫亙在母子之間的幽靈，只能是一次或者多次的隱祕事件，事件發生在安徒生狹窄的居所之中。

貧窮的王子——安徒生性格中的文飾成分

　　這是令人心痛的,卻是順理成章的猜想……讓我們再回到開頭,仔細檢閱安徒生的「家」。這間小小的屋子,不但是父親的工作室,也是全家的臥室和餐廳。裡面安放著一張床和安徒生睡覺的寬木凳,除此以外被父親幹活的工具塞滿。這間小屋的布局意味著,父母對安徒生沒有任何隱私可言。有可能是母親和父親,也有可能是母親和繼父,在這張床上發生性行為時被安徒生撞見了。

　　而這是對安徒生正在蓬勃發展的伊底帕斯情結(弒父戀母)的侵犯。佛洛伊德在《性愛與文明》中對該情結做出了人類有史以來最精彩的臨床闡釋。而根據他的心性發展理論,原欲(佛洛伊德理論中的性本能)有從幼童到成人過程的不同時期,其經驗將大大影響後來的基本人格。

　　這些時期結點從小到大依次為:口欲期、肛欲期、性蕾期、潛伏期和性器期。安徒生14歲之前一直和母親相依為命,也就是說,除了對異性產生真正渴望的性器期,母親陪伴和見證了他的每一個時期結點。

　　1818年7月,安徒生13歲左右時,母親和一個小她15歲的年輕鞋匠結婚。在當時,女大男小是一種較為普遍的生存法則,可以為男方節省不少結婚生子費用。繼父對安徒生的態度是「想幹什麼就幹什麼」,完全是粗放式管理。

　　安徒生雖然可以明目張膽地沉浸在自己的幻想世界中,但無疑的是,他知道自己被母親放逐了。如果隱祕事件的主角是父親和母親,那麼,他還可以在一種普遍的心理機制中找到解脫,可是,如果隱祕事件的主角是母親和繼父,除了憤怒和怨恨,他真的不知道該怎麼辦了。

　　佛洛伊德講述了新出生的孩子對「他」的影響:「其自私的利益因而受到傷害,於是,對新出生的孩子不免有一種厭惡之心……(新孩子)使他初嘗隔離的滋味,那麼他對母親便很難寬恕;在成人可視為極端病態的怨恨情感,此時遂在他的內心萌生,而常稱為永遠隔膜的基礎。」

　　作為家庭的新成員,繼父的意義等同於新出生的孩子,甚至還要糟糕得多。新孩子長大後,哥哥的敵對情緒會得到緩釋甚至完全轉變,從而可以毫

無障礙地修復和母親的關係。但是，一個受到傷害的孩子對繼父的敵對情緒卻只能隨著時間流逝而變本加厲。

母親和繼父之間的隱祕事件，是挑釁還是對他的徹底放棄？作為生命中的第一個戀愛對象，母親看上去無可指摘又「劣跡斑斑」，她選擇了繼父，背叛了自己，對安徒生而言簡直不可原諒。自從父親過世以後，破碎的家庭之愛讓他的精神疾病有了萌芽的理由。

從11歲到14歲，安徒生空前自由。他身份尷尬，既沒有資格去文法學校念書，又不能忍受被學徒當姑娘捉弄——他什麼都不能做，只能在家吃閒飯，他彷彿回歸到嬰兒狀態，並希望藉此獲得最初的、自然的母子關係——當然，那是不可能的。

安徒生的不幸在於，他的一生都在不自覺地延續這種嬰兒狀態，他那日後有名的幼稚舉動和言辭表現出極其多樣的形式，並且有了如下的結果：

一，被人詬病；

二，透過文學的修辭，提煉成「安徒生式的經典幽默」；

三，直接孕育了他那顆不老的童心，世界上最美的童話由此誕生。

此外，除了家庭之愛的淪陷，還有一個原因也讓安徒生坐立不安。在奧登斯，一個吃閒飯的半大小子是所有人都能隨意嘲諷的對象，這真是糟糕透頂！很快，安徒生就決定去哥本哈根闖蕩江湖。

成年後，他狂熱地想要尋找一個完美異性來代替母親，從而彌補母親對自己造成的心理創傷。25歲時，他在日記裡一次次祈求：「主啊，請賜我一位新娘，我的血液需要愛情！」安徒生一次次陷入情網，一次次鎩羽而歸；他專心地愛慕著每一個好女子，真誠、熾烈、不容懷疑，而一旦被拒，他在短暫的痛苦後又能毫無障礙地愛上下一位姑娘。

「人的潛意識中對某種獨一無二、不可替代的東西的熱戀，會表現出一種無休止的追尋活動。這是因為，替身始終是替身，它永遠不能像真身那種

滿足他的渴求。」雖然，尋找另一半是為了替代自己的母親，但這個「母親」和「父親」一樣，同樣具備雙重含義：母親安妮和聖母瑪利亞。

在《集體無意識的概念》一文中，佛洛伊德用來說明個人無意識的例子，恰恰是榮格用來說明集體無意識的例子——李奧納多·達文西和他那幅著名的畫像《聖安妮、聖母瑪利亞、幼年基督》。

佛洛伊德認為，達文西的這幅畫與他有兩個母親這一童年經歷有著內在聯繫，聖安妮本應被塑造得比聖母瑪利亞更成熟，更嚴肅一些，但是她卻被塑造成一個容貌不減當年的年輕女人。事實上，達文西給了孩子兩個母親，一個向他伸出雙臂，一個處在背景的位置。而榮格認為，畫中表現的神話主題遠不是絕無僅有，與明顯的個人心理交織在一起的，還有一個非個人和超個人的神話主題，即「雙重母親」。

它是神話和比較宗教領域中以各種變體出現的一種原型，因而構成了無數「集體表現」的基礎。換言之，這就是集體無意識。「雙重母親」反映了人類普遍存在的某種需要，而現在，它尤其為安徒生所需要。後面將會看到，聖母將如何以她獨特的魅力牽引自己在人間的兒子。

屬世的，必和屬靈的征戰。安徒生漫長人生中那令人揪心的純潔無瑕，同時又錯綜複雜的情感糾葛正是神愛和欲愛之間的交鋒。

「當著上帝的面，你敢打我麼？」

我告訴你們：「舉目向田觀看，莊稼已經熟了。」

——約翰福音 4：34

由於深受父母影響，安徒生自稱他已經成為一個「虔誠、迷信」的人。父親在潛移默化中將自己小心翼翼的辯證思維理念傳遞給兒子，而母親則帶來許多下層勞動人民約定俗成的迷信想法。雖然方式有異，但安徒生無疑受益頗多。相濡以沫的家庭之愛讓聖靈的感動得以在生命之初澆灌在孩子的心中，正如《聖經·申命記》中第六章所說的：

蒙恩的童貞：安徒生的秘密花園

第一篇 小雛菊——安徒生的本體隱喻

你要盡心、盡性、盡力愛耶和華你的上帝。我今日所吩咐你的話都要記在心上，也要殷勤教誨你的兒女，無論你坐在家裡，行在路上，躺下，起來，都要談論；也要記在手上為記號，戴在額上為經文；又要寫在你房屋的門框上，並你的城門上。

那時奧登斯是一個非常封閉的城市，保留著奇特的古老風俗，流傳著許多民間傳說，這一點對安徒生的成長極有裨益，這個環境讓他可以繼續發展那些奇特美妙的天賦：喜歡觀察，喜歡幻想，喜歡聽人講故事。到處都是新奇有趣的見聞，毋庸置疑，他生活在童話中。

此外，他更大的樂趣是為自己的布娃娃縫製衣服，自學剪紙，讓玩偶們演出舞台劇。僅僅是讀過《聖經》和兩本莎士比亞的書就敢編寫劇本！所有的行為都在展現一個天才的迫不及待。

而為了讓別人更好地瞭解自己，他再度無師自通地掌握了朗誦才能，並且自我感覺良好。不得不說，這幾乎帶一點強迫症症狀，不過，他還只是個孩子，一個處於自戀期的孩子。下面提到的這件事，讓我們可以見識一下這個孩子的信心。

有一年收穫的時候，安妮帶著安徒生去麥田裡拾麥穗，那裡的管事是一個有名的惡人，所以大家都很小心。有一天，大傢伙正在拾麥穗的時候，管事揮舞著一根粗壯的打狗鞭，惡狠狠地趕來了。所有的人都一哄而散，但是安徒生在奔跑的過程中木鞋掉了，麥茬又扎腳，使他沒法很快跑開。管事很快趕上他，並且高高地揮舞起自己手中的鞭子，安徒生仰起頭，直視他的眼睛，大聲說：「當著上帝的面，你敢打我麼？」

先說麥田，那金黃色的、豐饒的、一望無際的麥田。

尚·法蘭索瓦·米勒（1814年—1875年）首先發現了麥田。《簸穀的人》《播種者》《拾穗》等一系列以「人與麥田」為主題的作品，展現出和畫面一樣豐盈、悠遠而沉重的人性。文森特·梵谷認為「米勒是麥田的聲音」。同樣，他還看到，「在米勒的麥田裡，人及人性的最高表現不在別處，而在麥田，跟麥田一樣永遠生長，永遠燃燒」。

同樣,在《聖經》中,許多故事都涉及麥田。《舊約》中的路德去波阿斯拾麥穗和《新約》中門徒在安息日吃麥穗充飢都是非常著名的典章。麥田如同陽光,是恩賜、給予,是上帝對人間最樸素同時也是最豐盛的祝福,當我們的雙足踏入麥田之時,也意味著神愛的傾注。正是在這個意義上,麥田才得以表現出人性的最高。

《舊約·利未記》中,上帝規定了這樣一項法例:「在你們的地收割莊稼,不可割盡田角,也不可拾取所遺落的。」窮人和鳥雀撿取麥穗充飢,本來就合乎律法。反之,是惡管事違背了律法!安徒生的這一聲質問,既顯出大大的信心,也是對管事的責難。管事無言以對,不但放下了鞭子,還給了安徒生一些零錢。這戲劇性的一幕讓安妮嘖嘖稱奇,逢人就誇自己的兒子:「每個人都對他好,連惡漢也給他錢!」

我們有必要紀念安徒生生平遭遇的第一次試探。有一年豐收的時候,安妮帶著安徒生去一個地主莊園,算是看望老東家。安徒生非常興奮,和母親、一大堆農民圍在一起摘啤酒花,聽他們講故事。有一個老農民說:「上帝對發生了什麼,要發生什麼全都知道!」這句話讓他深為震動。

黃昏時候,安徒生一個人來到一處公共水潭,當他爬到水中的一塊石頭上時,心中忽然產生了奇怪的念頭:上帝是不是真的知道會發生些什麼呢?是的,沒錯,他應該想讓我活下去,但是如果我馬上淹死,他應該也是樂意的。於是,安徒生決定讓自己淹死。他向深水區走去,正在這時,一種新的想法穿透了他的魂靈:是魔鬼想要控制我!這時他如夢初醒,連滾帶爬跑到岸上,撲進母親的懷裡哇哇大哭起來。

這是安徒生一生中僅有的一次對上帝的試探。從此以後,他明白,上帝不可能讓他的孩子以身試險,上帝永遠慈愛,永遠寬恕,永遠恩待。成年後,安徒生曾多次和自己的老師希伯來人穆勒辯論是否有地獄存在這個命題,不管老師的看法如何,他都堅定地認為「一個燃燒著永恆的熊熊烈火的地獄是不存在的」。

瞧,這就是他的信心。此外,這次試探對安徒生的屬世生命也產生了深遠影響,即死亡恐懼的初次喚醒。死亡是真切的,實在的,必然的,一切全

蒙恩的童貞：安徒生的秘密花園
第一篇 小雛菊——安徒生的本體隱喻

在於上帝的意志。總之，死亡恐懼，作為屬世與屬靈生活的交叉點，開始在安徒生的生命裡轟轟烈烈地拉開了序幕。

紅鞋

父親死後，安徒生很是游手好閒了一陣子。母親繼續為別的家庭洗衣服維持家用。安徒生每天在家擺弄自己的戲台，為布娃娃縫製衣服，讀《聖經》和莎士比亞的劇本，不但鄰居私下裡議論紛紛，母親也看不下去了。

聖誕樹裝飾物

鄰居的兒子在服裝廠做工，於是，母親也決定讓安徒生去工廠。那是一個非常骯髒的地方，同樣來自貧民窟的半大的小夥子們毫無廉恥地說著下流話。起初，安徒生和大家一起幹活，但後來，他開始用清朗的嗓子為大家唱歌，並受到大家喜愛。

由於他的嗓音非常清亮而且高亢，有一天，一個男工忽然叫起來：「他肯定不是男孩子，而是一個小姑娘！」喜歡起鬨的工人們一哄而上，抓住安徒生的手臂和腿準備「驗明正身」。可憐的小東西經過辛苦的掙扎終於逃脫，回家後向母親哭訴了自己的遭遇。於是，母親便再也不讓他去工廠了。過了一段時間，母親把他送到一所貧民窟的學校。

學校只教宗教、寫字和算術，安徒生自稱：「我的拼寫糟糕透了，我從來沒有正確地拼寫過一個字。」他在學校裡不好好念書，回家後也從來不做功課。但安妮對兒子的表現非常滿意，像天下所有的母親一樣，她透過貶低鄰居家的兒子來誇獎自己的兒子：「他讀書，從早到晚嘰哩咕嚕，我的漢斯·克里斯汀從來不瞧他的課本，可他都會。」

這期間，安徒生只對他的宗教老師威爾海芬保留了好感，他是一個挪威人。安徒生認為他「出身肯定高貴，但性格暴躁，一定也不快樂」。但是，這個聰敏的學生還是感受到了老師對上帝的敬虔。每逢老師生日，小安徒生總要編一個花環然後配上一首詩送給他。

在課堂上，老師用發自內心的情感為孩子們講解《聖經》，而且非常生動，以至於讓安徒生覺得學校牆壁上那些描繪《舊約》故事的畫面都活了。「我產生了一種美、真和清新的感覺，這種感覺是在我日後在看拉斐爾、提香的優美作品時也會產生的。」

安徒生在課堂上總是魂不守舍，他一面盯著牆壁上的彩繪，一面想著《舊約》裡的故事。這時，老師就會無關痛癢地責備他一下，但沒辦法，這孩子此後依然如故。

不久以後，安徒生就快滿14歲了。那時候，對大部分人來說，14歲是一個重要的人生結點：行完堅信禮後，就要算作一個成人，勇敢地去承擔生活的重擔了。

安徒生所屬的教區是聖克努特教區，雖然孩子們都要參加堅信禮，但還是有一套不成文的規矩：只有顯貴家庭的孩子和文法家庭的孩子，才可以參加由教區牧師主持的儀式，他們將被安排在教堂大廳的前面；而貧苦家庭出身的孩子只能參加由教堂牧師主持的儀式，他們將被安排在教堂大廳的後面。而聰明的安徒生去教區牧師那裡報了名，所以「他不得不接受我」。

母親為他準備了最好的行頭——故去父親的外衣再次被改製成適合他的尺碼，一雙神氣的皮靴閃閃發光，從來沒有穿過皮靴的安徒生興奮不已，他驕傲地穿過教堂的大廳，皮靴發出「咯咯」的聲音。「我的內心極為愉快，

蒙恩的童貞：安徒生的秘密花園
第一篇 小雛菊——安徒生的本體隱喻

信徒們現在可以聽出來，我的靴子是新的。」他的全部注意力被皮靴占據，對牧師的證道置若罔聞，於是，人生最重要的儀式就被這雙靴子徹底攪亂了。

母親傾盡微薄的財力為他置辦的體面打扮，原本是想讓他漂漂亮亮、乾乾淨淨地將自己交給上帝，而他對一雙皮靴的關注竟然和對上帝的關注等同，這讓他內疚不已，開始在心中默默祈求上帝的原諒，但是很快，他的注意力又集中到皮靴上去了。

成年以後，安徒生也意識到了這種文飾心理正在磨損自己純樸的天性，更重要的是，它破壞了自己和上帝的親密關係。在童話故事《紅鞋》裡，透過小女孩凱倫的遭遇對愛慕虛榮的自己也做出了無情的判決。

貧苦而美麗的小女孩凱倫，成了孤兒後幸運地被一個富有的老太婆收養。有一天，她看到公主穿著一雙美麗的紅鞋，心中非常羨慕。後來她長大了，需要受堅信禮，老太婆準備為她購置新衣和鞋子。在鞋匠那裡小凱倫無意中看到一雙美麗的紅鞋，和公主穿的那雙一模一樣。於是，她就穿著這雙紅鞋去受堅信禮。

所有人都在望著她的那雙腳。……牧師把手擱在她的頭上，講著神聖的洗禮，她與上帝的誓約，以及當一個基督徒的責任，正在這時候，她的心中想著她的這雙鞋。風琴奏出莊嚴的音樂來，孩子們悅耳的聲音唱著聖詩歌，那個年老的聖詩隊長也在唱，但是凱倫只想著她的紅鞋。

穿著紅鞋的小女孩忽然跳起舞來，她不停地跳著，像被一股無形的力量驅逐著，無法停止。她請求屠夫砍掉自己的腳：「請不要砍掉我的頭吧。因為如果你這樣做，那麼我不能懺悔我的罪過了。但是請你把我這雙穿著紅鞋的腳砍掉吧。」最終，小女孩透過勤勞工作和虔心懺悔，得到了饒恕，重新來到上帝面前。《紅鞋》這個故事非常有名，曾被拍成電影《紅舞鞋》，同時也被認為是安徒生童話中最恐怖的名篇。

但是，即使意識到了自己性格中的文飾成分，安徒生也無力改變現狀，同時代的攻擊和詬病也大都和文飾脫不了干係。安徒生被認為是一個性格古

怪、愛慕虛榮、追名逐利、趨炎附勢之徒，這些人甚至包括德國大詩人海涅，安徒生曾經真誠地向他表示過好感，並認為他是自己的朋友。

不久以後，當他隻身前往哥本哈根闖蕩時，有人送了他一套質量非常好的藍上衣，但是衣服肥了些，這個可憐的孩子沒有錢改小。於是他迅速在衣服內塞滿報紙，扣上密密麻麻的紐扣，「長了一個雞胸」。接著，他便開始馬不停蹄地外出拜訪別人了。當時是大熱天，所有人都勸他解開紐扣，當然，沒有人成功。

哥本哈根的艱辛求學

14歲的流浪漢

願耶和華在你遭難的日子應允你；願名為雅各上帝的高舉你；願他從聖所救助你，從錫安山堅固你。

——詩篇 20：1～2

行完堅信禮以後，就是一個成人了，需要為生計奔波。安徒生懇請母親同意自己去哥本哈根。

《安徒生告別奧登斯》是斯泰汶斯八幅油畫中的一幅，整個畫面選色明朗，卻充滿童話般的憂傷。

「你到那裡能做什麼呢？」母親問。「我要成名！」安徒生答非所問，「那些出身貧寒的奇特人，開頭悲慘萬分，後來就成名了！」安徒生從小就被認

蒙恩的童貞：安徒生的秘密花園
第一篇 小雛菊——安徒生的本體隱喻

為「是一個奇特的孩子」，他認為自己理所當然地屬於那些後來能出名的奇特人中的一員。他固執地要去哥本哈根，他想當歌唱家，當喜劇演員，他喜歡舞台，並且必須出名。

其實，去哥本哈根是一次冠冕堂皇的逃離。父親已死，母親改嫁，這其實已經是一個陌生的家庭，就連親愛的祖母也很少來看望他了。安徒生被傷害、被冷落、被剝奪了唯一擁有的家庭之愛，卻還要裝作無動於衷——逃離是唯一的出路。我們也不妨把它看作一次旅行，在不久以後，安徒生成功地成為一名旅行家，他總是為逃避現實而旅行，並在旅行中找到慰藉。

母親全然沒了主意，她請了一位神婆為這個倔孩子算命。也不知是預謀還是天意，神婆說出了那句著名的預言：「你的兒子要成為一個大人物，終有一天，奧登斯要為他張燈結綵！」

這個神奇的預言如同一道不可抗拒的命令，母親哭了，她知道自己無力阻止兒子的遠行，分別迫在眉睫。她做了自己力所能及的，然後和婆婆——安徒生親愛的祖母一起把心比天高的孩子送到了城門口。

這一幕場景給人無限的想像空間。後來，不少畫家都選用了這個送別的題材進行藝術創作。斯泰汶斯曾經根據這個題材創作過《安徒生告別奧登斯》：神情哀戚的母親、兩鬢蒼蒼的祖母、前途未卜的孩子，在濃重的暮色裡，充滿童話般的憂傷。

安徒生坐在郵車上，一開頭心情非常振奮。也難怪，對從來沒有出過遠門的安徒生而言，這可是一次痛快的逃離。可是，當他離開郵車上船，即將離開出生島嶼（菲英島）之時，一下子感到慌張、無助、悲傷起來。他說：「我感到何等的孤獨，何等的無依無靠，除去天上的上帝以外，我什麼也沒有了。」

當他雙腳踏上哥本哈根所屬的西蘭島的土地，不由自主地跪了下去，默默地祈求上帝為自己指引方向。這個信心滿滿的14歲的孩子，開始了流浪漢之路。

就在安徒生到達哥本哈根的前一天，此地剛剛爆發了「猶太人衝突」。這場針對猶太人的暴亂由歐洲其他國家蔓延而來，整個城市亂哄哄的，街上到處都是人，但是安徒生並不害怕。「這種喧囂和動亂並沒有使我恐慌，它正是我想像中的——我的世界大城哥本哈根必定會有的動亂。」——這一番令人啼笑皆非的自圓其說恰恰說明了安徒生此時的真實身份——一個天真未鑿的野蠻人，而正是這種極其可貴的品質讓他活了下來，並且獲得成功。

當時的哥本哈根，安徒生心中的世界大城，到底是一副什麼模樣呢？

哥本哈根的周圍是如畫的風景：大海、綠色的城牆、湖泊、土地和森林。與外部環境相反，1819 年哥本哈根城內的景色一點都不吸引人。事實上，一方面，哥本哈根是個安靜的小城市，居民大約有 10 萬人；另一方面，哥本哈根的老鼠多達人口的 4 倍，而且還有成千上萬的其他動物。許多牛馬也生活在城內，因此，有些建築的二樓建有一些馬廄。這就意味著動物必須要在樓裡上來下去。

到處都能看見瘦小卻又兇猛的狗在閒逛。行人和動物一起擠在狹小的街道上，街上沒有下水道，街邊深深的排水溝裡滿是雨水、廢棄的食物和排泄物，一下大雨，這些東西都會被沖進地下室裡，從而導致各種傳染病於 1820 年在哥本哈根流行開來。這個城市當時就流行過胃熱、傷寒、麻疹、玫瑰疹、流感、黏膜炎、腹瀉和痢疾等疾病。但病人很少看醫生，因為醫生在很大程度上屬於上層階級。如果醫生給窮人看病，他就必須跪著診斷病人，因為病人都蜷縮在陰暗的閣樓裡。

在這座丹麥的首都城市，生存下去並非易事，14 歲的安徒生開始馬不停蹄地拜訪別人。首先，他準備去拜訪一位舞蹈家，希望獲得她的引薦。在拉響門鈴之前，他再次跪下祈求上帝，希望能從這裡獲得幫助和保護。這時，一個年輕女傭人下了樓梯，送給他一枚六先令的硬幣。安徒生大惑不解，因為他的身上穿著自己最好的那身行頭——參加堅信禮的衣服，再怎麼也和乞丐扯不上關係啊！

蒙恩的童貞：安徒生的秘密花園

第一篇 小雛菊──安徒生的本體隱喻

　　終於，安徒生見到了女舞蹈家，他賣力表演，實在是舉止怪異，如同大猩猩。女舞蹈家驚恐地看著眼前這個又唱又跳的人，以為他是一個瘋子，匆忙叫人把他攆走了。

　　不死心的安徒生又找到劇院主任，希望能謀到一份差事，但是，他那並不太好看的容貌、笨拙的舉止和瘦弱的身體讓主任幾乎一口拒絕了他。

　　劇院主任說：「演戲的話你太瘦了。」「只要我能受僱，有一百元薪水，我肯定會胖起來的！」但是，他還是被趕走了。安徒生絕望而且悲傷，他想到了死。「那對我是最好的事情，我的思想飛向了上帝，以一個孩子對父親的全部信任，我的思想完全依附在他的身上。」

　　上帝會幫助他的，一定會的！

　　其實，安徒生初來哥本哈根，他還去見了一個人，一個他不願提及的人──開妓院的姨媽。由於安妮曾經勸說過自己的姐妹，希望她潔身自好，所以這個驕傲的姨媽很不待見自己的侄兒，不過，如果安徒生是一個美麗的女孩子的話，情況或許另當別論。姨媽不是一個正經女人，她那輕佻浪蕩的模樣讓年輕的安徒生非常厭惡，兩人從此再也沒有聯繫過。

　　14歲的安徒生還是一個非常單純的孩子，不知道有賣淫這種事情存在。就在不久以後，他以每月16元的費用寄宿在一個家庭時，還有一個和他同樣身份的女人。這個女人單身，有時會哭。「除了她的『老爸爸』之外再沒有人來看她。他只在晚上天黑以後才來。」

　　這位「爸爸」穿著高領的衣服，用帽子遮住眼睛，定期來「女兒」這裡喝晚茶，而且這個時候別人不能進去。安徒生經常為這個「爸爸」開門，自然可以看清楚他的長相。直到多年以後，在一個體面的世界裡，他重新見到這位老先生，這才明白兩個人到底是什麼關係。

　　從安徒生的描述來看，他對這位不得已靠出賣肉體謀生的婦女有著深深的同情，但是，這並不妨礙他為這種類型的人打上標籤──輕浮。就像貧賤的出身讓他不斷追尋自己天性中的高貴，和妓女的過早接觸反而讓他迸發出一種本能的「趨潔性」──上帝的愛子，畢竟不一樣。

歌唱家、舞蹈家還是劇作家？

不久，屬於安徒生的華彩篇章似乎要拉開序幕了。

1819 年 9 月 17 日，別人給安徒生看了《生活訊息》報上的一則小公告：「父母誠實，身體健壯，希望學會家具製作手藝的小夥子，請到伯格爾蓋德 104 號二樓報到。」

安徒生在自傳中說，第二天早晨 6 點，他「害羞得像少女一樣」來到木匠的作坊。這些短工像奧登斯的那些男青年一樣，無休止地說著下流話，逗弄著這個少女般的傻大個，而且越來越過分！這使他回想起了以前在奧登斯的工廠裡的遭遇。當時，有個短工聽到他用嘹亮和優雅的聲音唱歌，突然叫起來：「他肯定不是個男孩子，而是一個小姑娘！」之後，人們把他抬到桌子上，準備扒下他的褲子。

真是待不下去了，他匆匆離開了。俗話說：「置之死地而後生。」在已經混不下去，準備搭船回老家的淒苦氣氛中，他在報紙上看到一則消息：「義大利歌唱家西伯尼被聘為皇家音樂學院主任。」想起自己從小就有的好嗓子，絕望中的安徒生鼓起勇氣，準備去拜訪西伯尼。

說來也巧，那天，西伯尼的家裡正聚集著眾多名流，包括著名作曲家魏瑟教授和詩人巴格森。而且，難得的是，大家都有一副悲憫心腸，對不幸的人懷著真摯的同情和善意——這正是時代精神和基督情懷恩賜的美德之一。安徒生對為他開門的女僕述說了自己的境況，並在她的牽引下來到客廳裡，為貴賓們朗誦了霍爾貝的幾段台詞和幾首詩歌。

朗讀的時候，他想起自己的不幸處境，不覺悲從中來，一下子哭出了眼淚，在場的人都不禁為他鼓起掌來。從始至終，他那奇異的自信和未經教化的表演讓大家深感有趣。與其說，他們被安徒生的表演征服，不如說，是安徒生的野蠻人氣質和奇特的故事打動了這些文明世界裡的紳士。大家現場為他祝福、募捐，西伯尼更是喜出望外，答應訓練安徒生的聲音，對他寄予了厚望。

蒙恩的童貞：安徒生的秘密花園

第一篇 小雛菊——安徒生的本體隱喻

　　除了練習唱歌，安徒生還經常跑去廚房幫忙。他喜歡聽傭人們的差使，喜歡聽他們講故事。有一次，傭人們派他端一個盤子到西伯尼的餐廳去，正在用餐的西伯尼馬上走到廚房去告訴他的傭人：「安徒生不是傭人！」

　　每天，安徒生都會在西伯尼的指導下練歌，美好的日子似乎在招手了。但是僅僅過了三個季度，我們的主人翁開始面臨巨大的困境，甚至被迫終止了歌唱訓練——他變聲了，聲音完全失去了往昔的清亮和豐滿度。

　　依然是貧窮作祟，他沒有能力為自己購買一雙保暖的靴子，在丹麥漫長、酷寒的冬春季節，每天雙腳都是半濕的。毫無疑問，這勢必影響他的健康和嗓音。不僅如此，這還摧毀了當時看來唯一的一條生路。對安徒生來說，貧窮、寒冷和死亡從來都不陌生，但是現在，它們以一種空前具象的方式連綴在一起了。

　　西伯尼誠懇地建議安徒生回老家學門手藝。一切的努力似乎都已經成為笑柄，安徒生一籌莫展。正在這時，更好的轉機出現了。

　　好心的詩人古爾貝格答應教安徒生丹麥文和德文，並且用自己的稿費幫助他；魏瑟教授為安徒生籌集了一筆善款，不多。如果安徒生想要在哥本哈根繼續待下來，必須要找到一個可以提供吃住的地方，而這樣的地方都不便宜。在那條以眾多妓女居住而聞名的霍爾門街上，安徒生找到一戶人家，女房東索價每月20塊，但是安徒生每月只有16塊。

　　當時形勢緊迫，女房東又一個銅板都不讓，這可憐的孩子不禁流出了眼淚。無意中，他看到女房東故去丈夫的畫像，便徑直走過去，將眼淚抹在畫中人的眼睛上。他這樣做全然是下意識的。他認為逝者也許能夠感知自己的悲傷，並代自己向女房東求情。果然，女房東接受了那16元錢，讓他留了下來。

　　安徒生誠懇地感謝了上帝和那位逝者。逝者歸上帝管轄，所以應該尊敬逝者。在他那篇叫做《旅伴》的故事中，兩個壞人準備把欠債的死人扔到教堂門外去，主人翁約翰得知了這一情況後，把自己的僅有的財產送給了惡人，

希望他們讓逝者安寧。後來,逝者化身為一個法力無邊的旅伴,幫助約翰戰勝重重困難,並且迎娶了一位公主。

《串聯的男舞蹈家》(安徒生剪紙作品)

雖然前景並不明朗,但一次次化險為夷讓安徒生的鬥志更加蓬勃了。他很想做一個喜劇演員,並為此積極奔走,希望在舞台上獲得一個群眾演員的角色。善良而高貴的人們簇擁在他的身邊,有人免費教他練腿,有人免費教他拉丁文,他們希望通過自己的幫助,讓這孩子的路可以走得順利些。

皮埃羅、樹、天使和樹頂上鳥巢中的女芭蕾舞蹈家。女舞蹈家是安徒生剪紙藝術中出現頻率最高的重要形象之一。

蒙恩的童貞：安徒生的秘密花園
第一篇　小雛菊——安徒生的本體隱喻

　　那時，劇院舞台是個鬧哄哄的所在，到處都是人，甚至連台頂上也趴著人。安徒生經常跑到三樓群眾演員的包廂裡去。有一次，在劇院上演《兩個小薩瓦人》的時候，安徒生得到一個上台的機會，在關於「集市」的場景裡作為一名群眾演員出來「跑了個龍套」。那天，他還是穿著那身參加堅信禮的衣服，衣服已經被刷洗、縫補過很多次了。此外，他的背心過短，靴子的跟也被磨歪了。

　　他幾乎難以維持站立的姿勢，但此刻，他的心被狂喜充滿，無暇顧及自己在別人眼中的形象。一個演員走過來，取笑他的初次登台，並說：「讓我把你介紹給丹麥人民！」接著，他把安徒生拉向舞台中央。自尊心極強的安徒生感受到這種羞辱，淚水奪眶而出，跟跟蹌蹌地跑下了台。

　　又是取笑，但這次取笑的意義和以往不同，它發生在舞台之上，在大庭廣眾之下，這是成為焦點需要付出的代價。當然，隨著時間的推移，這種代價會更加慘烈。

　　終於，在《阿米達》中，安徒生首次飾演一個角色。在節目單底部右側的欄裡，寫著「侏儒……安徒生先生」。其中，還有一個名字將會與作為戲劇家的安徒生產生交集，她就是「丘比特……約翰娜·佩徹」。這個拼錯了的少女的名字實際上應該是約翰娜·佩徹·露易絲·霍爾伯格，她最終成為丹麥戲劇界的天后。

　　那天，她和安徒生的名字都是第一次出現在了節目單上。安徒生在自傳中說：「當我的名字變成鉛字的時候，那是我人生中的里程碑。我認為它意味著不朽的光輝。我整日待在家裡看著那些鉛字。那晚，我帶著節目單上了床，靠近燈光，盯著我的名字，把它放下去，又把它拿起來。我簡直太高興了。」

　　但這份「不朽的光榮」畢竟非常短暫，更多的時候，安徒生不得不在一種自憐和辛酸中生活。他沒有正當工作，幾乎完全沒有收入，只能靠偶爾充當臨時演員賺點錢買個麵包，而且這樣的機會也非常少。在他15歲到16歲這段時間，曾經從事一份很有趣味的工作。他的工作是在教堂唱詩班，但職

業並不是一個歌手，而是一個演員。當唱詩班獻唱的時候，他只需要張嘴「假唱」，做做樣子就行，非常輕鬆。

不過，這裡不但賺不了幾錢，還有許多意想不到的侮辱和危險。有一次，當安徒生需要登台表演的時候，一個歌手懷著某種惡作劇的心理，往他的嘴裡塞了一些鼻煙，而當安徒生後來嚮導演訴苦時，歌手甚至毆打了他。那段青澀時光所受到的屈辱也許遠遠超過我們所能發現的文獻資料和記載。

在 1819 年至 1822 年間，安徒生懷著對戲劇的全部渴望，「糾纏」著哥本哈根最尊貴的家庭。他穿著滑稽的衣服出現在這些家庭中，而且當他連續幾個小時又唱又跳的時候，讓他們大笑不已。與此同時，這個「自然之子」用深陷的小眼睛觀察著他的觀眾。有時，他會看穿這些人並發現他們實際上是多麼無知和虛偽，但並非總是如此。

19 世紀 20 年代，有一天晚上，在亞當·奧倫施拉格的家裡，在所有人又一次取笑安徒生沒有掩飾住外鄉口音的戲劇朗誦之後，奧倫施拉格不得不安慰這個因嘲笑而受到傷害的男孩。這位丹麥大詩人勸告他的年輕客人，但是，他忍不住用道聽途說的話來取笑這個可憐的孩子：「真奇怪，菲英島口音仍然沒有日德蘭半島口音受尊重。不過，人們說上帝和天使用菲英島話進行交談，但是只在星期日！」

安徒生現在 16 歲了，但他的舞蹈之路並無任何起色，他甚至比以往任何時刻都要窮困——沒有人為他提供錢，他也沒有正式的工作。無奈之下，他只得搬到一個更糟糕的地方，每天只有一小塊麵包吃，看上去他好像被人遺棄了。但是，上帝不遺棄他。

在我小小的房間裡，有上帝和我在一起。許多晚上，做完禱告以後，我會像孩子一樣向他說：「就會好起來的！」我堅信，將會是這樣，一定會是這樣的，上帝是不會鬆手的。

但是，安徒生也沒有成為演員的可能。前輩明確告訴他，以他的資質，最多只能參加群舞的角色。而且，由於迷戀舞台，安徒生經常缺席拉丁文課程，幫他牽針引線的古爾貝格聞訊後勃然大怒，停止了對他的拉丁文教習。

蒙恩的童貞：安徒生的秘密花園
第一篇 小雛菊——安徒生的本體隱喻

　　看來此路又不通，安徒生別無他法，只得編寫劇本，希望自己的劇本能夠被皇家劇院接受，那樣他就可以獲得一筆上學的錢了。但是他沒有上過正規學校，毫無基礎，好不容易花十四天寫了一部《維森貝的強盜》，匿名投送到皇家劇院。但是這部「愛國悲劇」「差不多沒有任何一個字的拼寫是正確的」，因為「沒人幫助我」。

　　退稿信中說，這樣缺乏最起碼教養的作品，他們不希望經常收到。但是，甚至在沒有收到回覆以前，安徒生又寫了一部《阿爾芙索爾》，德高望重的古特菲爾德牧師在閱讀之後很是讚賞，把這部作品推薦給皇家劇院經理部。安徒生在不安中度過了幾個星期，再次等來了一封退稿信。不過和上次不一樣的是，許多人都注意到了作品中的耀眼之處，有「不少金沙」，令人產生希望。正是透過這部作品，安徒生的前途被徹底改寫了，而且，還因此結識了後來一直被他視為父親的科林。

　　安徒生不知道，他的大作沒有被草率對待，皇家劇院的高層們經過慎重考慮後準備讓這個完全沒有基礎的孩子接受正規教育，他們或許也懷著一種實驗精神。「這部戲劇的作者幾乎不會運用得體的語法，對正確拼法和丹麥語語法一無所知，完全缺少最基本的概念。因此，他的腦袋裡擁有的是好壞不分的大雜燴。從這個大雜燴中，他不加選擇隨意地拉出種種事情。當人們考慮到這一事實時，當人們尚能在他的作品中發現些許耀眼之處時……那麼人們只能希望試圖去看看這個奇特的心靈因為教育將會變成什麼樣。」

　　首要的任務是直接向皇家基金會提交申請，而科林是這個基金會的祕書，也就是主要負責人。申請內容其實是對安徒生那龐雜的天才的高度認可，「如果允許這個年輕人浪費自己的時間」，那麼他將會是文明社會的「不幸和損失」。申請也提到，希望透過學術教育，讓這個年輕人拋棄這條「迷失的文學道路」，最終可能成為一個有用的公民。基金會提供的3年每年400元共計1200元的款項，足以應對生活和學習費用。

　　從當時經濟危機的角度來看，這是相當大的一筆錢。當時，國民經濟正處在1813年的破產之後。隨後，每個人都期望表現出一種偉大的節儉。國

王主動帶頭，穿著有些破舊的制服，一家一家地逛首都的商店，據說是為了尋找最便宜的鼻煙。

安徒生喜歡舞台，喜歡表演，他從小就擅長用各種手段去展示自己，從而引起別人的注意。唱歌、跳舞、寫作，甚至繪畫，每一種藝術形式的嘗試都讓他如癡如狂，而他只想找到最適合自己的那種，然後成名，榮歸故里。經過一次次碰壁、淘汰，看來寫作是他回歸上流社會的最好途徑。即使如此，安徒生依然隱祕地保留了一份對唱歌和跳舞的熱愛。

他比以往更熱愛朗誦——自從開始童話創作以後，更是經常為貴族和皇室朗誦自己的作品，朗誦成為一種時尚，連一向高傲的丹麥皇家劇院也願意讓演員在劇院內朗誦安徒生的童話，開創了風氣之先；而跳舞則化作一種凝固的平面藝術，安徒生在自己的剪紙作品中孜孜不倦地重複著女芭蕾舞蹈演員的形象。

在文法學校：垂死的孩子

壓傷的蘆葦，他不折斷；

將殘的燈火，他不吹滅。

——馬太福音 12：20

約納斯·科林對安徒生而言意義非凡，他以高貴的出身、傑出的才能、真切的慈愛成為一個完美的移情對象——再生之父。事實上，不久以後，他正式成為了安徒生的合法監護人。

科林將安徒生的情況告訴了腓德烈六世，國王從國庫中撥出一筆錢讓他維持生計，而且，給了他免費接受正規教育的機會，如果順利，他將成為一個人人羨慕的大學生。

學習的機會雖然得來不易，但是學習的過程並不愉快，更大的挫敗感開始伴隨他，自從進入斯萊耶厄瑟文法學校以後，他活潑而張揚的性格明顯收斂了，他感到自己像被關在籠子裡的野鳥，無助地撲騰著。一種莫名的哀感總是忽然襲來，一直到多年以後。

蒙恩的童貞：安徒生的秘密花園

第一篇 小雛菊——安徒生的本體隱喻

　　他最討厭的就是別人的嘲諷，而在文法學校，嘲諷居然是校長梅思林最主要的教育手段！安徒生引人注目的外形和痴長的年歲簡直讓校長的挖苦如魚得水，他很快就成為校長最喜歡挖苦的「靶子」而被禁止寫詩。

　　只要看到校長走進課堂，安徒生往往嚇得目瞪口呆，回答問題也是不明所以，這加重了他的自責，而反過來又讓他越發不知道如何應對這個魔鬼般的校長，他感到無所適從。雖然校長偶爾也有溫情和幽默，但是太少了，太少了。這位優秀的古典語言學教授是一個糟糕透頂的傳道授業者。

　　同時，學習的強度很大，繁重的課程除了拉丁文，還包括全面系統的文化史、藝術史和宗教史研究課程，其他大部分課程對於安徒生來說都是全新的。「在宗教、聖經史和丹麥文作文幾科上我的成績總是優等。」

　　但總體而言，安徒生對自己的表現並不滿意，校長的挖苦讓本來就嚴重缺乏自信的他沮喪透頂：「我覺得我是一個沒什麼天分的人，我不能讀書。我深信哥本哈根那邊的人完全看錯了我，用在我身上的那些錢簡直都白費掉了。」為了不讓資助自己的人失望，他加倍努力學習，甚至在冬天將頭浸在冷水裡讓自己的頭腦保持清醒。即使如此，他依然感到吃力。他在日記裡寫道：

　　禮拜三。我沮喪地拿起擺在我面前的《聖經》，我要看看，它會不會是我的一個奇蹟。我打開它，閉著眼睛指了一個地方，唸道：「以色列啊，你因自己的罪孽跌倒了！但是，我可以幫助你！」（《何西阿書》）——是啊，天父，我很軟弱，但是，你看見了我的內心，願意幫助我進入四年級的。希伯來文考得不錯。

　　禮拜四。撕掉了一隻蜘蛛的一條腿！數學考得不錯。上帝，上帝！我衷心地感謝。

　　禮拜五。上帝！助我！⋯⋯外面的夜晚充滿了冬天的晴朗。考試幸福地結束了，明天就有考試的結果了。月亮！明天你要照著的不是一個蒼白和不知所措的，而是一個最幸福的、讀席勒的《陰謀與愛情》的人。

禮拜六。上帝！現在我的命運已經被決定了，但是還沒有告訴我。還等什麼？——上帝！我的上帝！別拋棄我！我的血液在血管裡急速地流淌著，我的神經在顫抖。啊，上帝！全能的上帝！助我——我不配，可是，仁慈啊，上帝，上帝——（稍後）——我成功了。真奇怪，我的高興並不像我想像的那麼強烈。十一點，我寫信給古爾貝格和我的母親。

上帝不但是救世主，也是此刻更實在的監護人。安徒生向主許諾說，要是主讓他順順利利地進入四年級，那麼之後的第一個禮拜天他一定去做祈禱。這個向主討價還價的年輕人此刻已經二十歲了。

梅思林校長此刻的工作出現了變動，他馬上就要到赫爾辛格文法學校當校長，而且讓安徒生「必須馬上搬到那裡與他同住」，前提是「交和別人一樣多的錢」。安徒生每年有兩百元的補助，不少研究者都認為梅思林是盯上了這兩百元錢。從梅思林此後對待安徒生的態度來看，這樣的猜測是完全可能的。

梅思林的家庭包括5個孩子，年齡從1歲到13歲不等，還有妻子及幾個女僕，全家上下有10多口人。在搬到赫爾辛格的第一年，校長的家境每況愈下，校長的妻子英格爾·凱瑟琳夫人是一個邋遢又放蕩的女人。安徒生寫於1832年的自傳說，她與赫爾辛格衛戍部隊的大多數人上過床，甚至還恬不知恥地調戲純潔的安徒生同學。總之，這個女人比妓女還讓人討厭。「我對女人沒有好感，女主人使我相信女人都和她一樣，但由於我還小，我覺得自己的純潔如此有趣。」

此外，梅思林對安徒生實施身體與精神的雙重虐待：隨著經濟情況的捉襟見肘，校長透過對安徒生的剝削來維持自己的生活水準：在寒冷的冬天，捨不得花半毛錢為安徒生的房間提供溫暖；他那邋遢的老婆只為這孩子提供最糟糕的飲食，不但量少而且沒有一絲油水。

年輕的安徒生經常被這對慳吝的奇葩餓得氣息奄奄。除此以外，他還有一項「美德」——從來不吝惜那些變本加厲的辱罵，什麼蠢笨如豬、毫無是處，都是讓一個孩子絕望得想要自殺的話。安徒生戰戰兢兢地度過白天之後，還要在噩夢裡繼續重溫白天的悲慘遭遇。在被逼瘋之前，他每天晚上都向上

蒙恩的童貞：安徒生的秘密花園
第一篇 小雛菊——安徒生的本體隱喻

帝禱告，請求主讓自己從這沉重的負擔中解脫出來，不然的話，希望自己馬上就死掉。

上帝不允許他死掉，但折磨還在繼續，安徒生在無可忍受的痛苦中完成了自己的成名作——《垂死的孩子》。

母親，我累了，我想睡覺，讓我睡在您的懷裡；但先答應我，不要哭泣，因為您的眼淚正在我的臉頰滑落。這裡很冷，風雪在外面肆虐，但在夢中，一切都如此美麗，當我閉上疲倦的眼睛時，我看見了可愛的小天使。母親，您看見我身邊的天使了嗎？您聽見美妙的音樂了嗎？看，他有一雙美麗的白翅膀，一定是上帝給他的。

綠色、黃色和紅色在我眼前盤旋，那是天使撒落的花朵！我活著時也會有翅膀嗎？或者，母親，我死後會有嗎？為什麼您握著我的雙手？為什麼您貼著我的臉頰？您的臉頰潮濕，卻像火一樣燙。母親，我永遠是您的孩子！但此刻您不要再嘆息，如果您哭泣，我會和您一同哭泣。啊，我太累了！——必須閉上眼睛——母親——看啊！現在天使在吻我！

這首形式新穎、節奏舒緩的詩歌在不久以後為安徒生贏得了巨大的榮譽：死亡、天國、母親、孩子，還有天真的提問和滾燙的熱淚，它定下一種基調，也打開了一種嶄新的言說方式。以我們現在的眼光看來，它彷彿一篇安徒生式童話的濃縮版。在19世紀，這是一種全新的、劃時代的嘗試——孩子不再像以往一樣默默無言，他第一次以主體的身份開始述說。

在這首詩的草稿中，詩人最初考慮用成年人的敘述視角：「睡吧，親愛的孩子，你太累了／我用手臂搖晃著你，溫暖而且親密無間／甜美地睡吧，你會再次醒來。」但在1827年，在詩歌發表之前，安徒生大膽地對其進行了革新。正是這次革新，來自兒童世界的天真和童趣從此才得以像蝴蝶一樣翩飛於人間。

幸虧安徒生的老師克里欽·沃林瞭解了這些情況，他在復活節時專程趕到哥本哈根，向科林訴說了梅思林對安徒生的傷害。其實，科林對此並非一無所知，安徒生曾多次在來信中控訴校長的暴行。但鑒於梅思林傑出的學術才

能，以及某些宏觀上的考慮，比如科林認為安徒生這樣天馬行空和雜亂無章的天才思想，確實需要相當嚴格的管教才能走上正軌，直到此時他才意識到情況可能已經相當不妙。

在1827年4月1日前後，校長接到書信通知，安徒生自14日起將動身去哥本哈根，在期末考試前，安徒生最後幾個月的學習將由家庭教師路德維格·克里斯欽·穆勒監督。當意志消沉的安徒生在赫爾辛格聽到科林的斡旋時，他太高興了，差點從教學樓的窗戶跳出去。當時一個同學碰巧從康根斯蓋德的通道走出來，他聽到安徒生高聲呼喊：「我要離開學校了！我要去哥本哈根了！」就像完成了一次涅槃，在赫爾辛格長達一年半的煉獄生活宣告結束，安徒生收拾起殘肢剩體，跌跌撞撞地逃離魔窟了。

自從到文法學校上學以來，安徒生一直處於超負荷的運作狀態之中，梅思林的虐待讓他的悲慘境遇雪上加霜，他甚至多次想到放棄——在上帝的庇護之下，他最終挺了過來。然而，這樣的傷害不可彌補，精神疾病症狀進一步加劇。梅思林從未遠離，他幽靈般長久地存在於安徒生的噩夢中，直到離開人世前的最後幾個月，安徒生才在自己的夢中與他重修於好。

《一串人》選自《克里斯汀妮的畫冊》。這幅瓶貼圖很有意思，上面寫著「大人們的地盤上，一個小人拉著車子來了。」

差不多在這個時候，他就已經逐漸被世界隔離，多年以後，他被當時的一個同學評價為「從頭到腳都是虛榮的化身」。他在孤獨和隔絕之中被迫再三地審視自己不同尋常的本性，就像他在1826年9月給好友英吉曼的信中

所寫的:「我以為自己有些幼稚,無論何時,風稍稍吹得無情一些,我的眼裡就會立刻含著淚水⋯⋯我沒有真正地瞭解自己,但我承認自己過於女人氣,過於軟弱。」他承認了自己的「女人氣」,也就意味著,他認可了別人眼中的自己,並且開始部分地自我放棄——那個原初的、光芒四射的自我在現實的逼迫中不得不產生變異。他只能再次龜縮到童年,天真成為唯一的自衛手段。事實上,至少在這時,安徒生已經有了明顯的人格分裂症狀。在他早年的作品裡,經常把自己打扮成天真無邪、永遠都不諳世事的小男孩。

還是逃到詩歌裡比較穩妥。儘管校長下達了「禁止寫詩」的命令,但這項活動一直在隱祕地進行。寫作於 1824 年的長詩《靈魂》為這一階段添加了一個漂亮的註釋:「啊,我們內心有一種力量／但無法用言語解釋,迷失了方向／從天而降的神靈,沒有人認識你／啊上帝!你也不瞭解自己／夢想在你眼前徬徨／永恆成為你的預兆?」

重大發現:上帝就在這裡

在文法學校的那段學習經歷,對於安徒生,是一個幾乎延續了一生的,永遠沒有盡頭的噩夢。但是我們公平一點來說,梅思林畢竟是古典語言學的權威,雖然傳道授業的方式甚至人品都有點問題,但科林當初千挑萬選才選出的這個校長倒也不是個草包。至少,他那令人生畏的教育方式為安徒生打下了牢固的學習基礎,這一點不容置疑。

聖誕樹裝飾物

進入文法學校之後，安徒生在相當長的一段時間內為上帝和詩歌的對峙深感苦惱。當時，他經常在心中祈禱，希望上帝與詩歌能夠不再彼此對立。很明顯，上帝指向神愛，而詩歌則指向欲愛，這裡的欲愛並非是情慾之愛。前文說過，安徒生的「性器期」來臨較晚，至少要等到他進入大學之後，開始接觸到海涅的詩歌，才逐漸進入了生命中的情慾時期。

這種欲愛是生命內在自由奔湧的一種情愫。「充滿我的心，直到爆發！」那段時期的日記，真是龐雜得無可救藥，安徒生發現自己越來越失去了自控能力，在「不准寫詩」的禁令之下，他對詩歌的熱情卻無與倫比空前高漲。雖然他也隱隱約約地擔心：如果過分沉迷於詩歌，很可能會耽誤自己的學業，以至於辜負眾人的期望，考不上大學。這樣的結果是上帝和他都不願看到的！他虔誠地祈禱說：「您希望我走運，帶著對您的信仰，慈悲的上帝，我接受自己的命運。上帝，讓幸福陪伴我！如果您的願望是我應該成為詩人，當然您不會削弱我的勇氣，並剝奪我的一切。我的靈魂只為詩歌藝術而呼吸。我想我能夠察覺到您掌控我命運的大手。不要剝奪我的信仰，上帝，我唯一的上帝，答允您無助的孩子吧！」

當時全丹麥的文法學校都廣泛使用《基督教和道德哲學教義問答》這部教材。這本書寫於1818年，作者彼得·克羅格·邁耶後來成為挪威主教和教授。這本書系統地考察了基督教的基本教義，段落簡潔，但相當乏味，學生寫短文時被要求參考這些內容。

作業的題目常常具有哲學的特點，因此，今天的人們認為這些題目更適合高年級的神學學生，而不太適合18歲的學生。在希臘語和拉丁語課上，安徒生的表現不是特別出色——他一直視之為畏途，但在宗教課上，他是個聚精會神、求知若渴的學生。宗教老師傑普·奎斯特加德教授是一個慈祥、溫和、認真的人，教育方式和校長梅思林迥然不同。後來，在安徒生的要求之下，他成為這個安靜、虔誠、天分頗高的年輕人的神父。

親愛的老師：

您在學校裡對我的和善吸引著我，並且我希望這不會讓您誤解我或對我有錯誤的想法。在這個鎮上，我根本沒有導師和真正的朋友……從您的宗

蒙恩的童貞：安徒生的秘密花園
第一篇 小雛菊——安徒生的本體隱喻

教課中，我想我足夠瞭解您，您能感覺到那些奮鬥的人並想幫助他們。如果我的信有一點長，請不要生氣，我發現不可能用隻言片語向您傾訴我的想法。……

在一篇關於證明上帝存在的作文中，安徒生發表了他的如下見解：「只有傻瓜才會在心裡說：『上帝不存在。』即使奶酪上最小的寄生蟲，生活在宇宙的最遙遠星球和最深處的最小微粒上，也是全能者和不可預測者存在的標誌。」上帝掌控著「在整個自然界我們可以遵循的偉大秩序」。

父親的懷疑精神和母親的虔誠，早在若干年之前，就已經深深地根植於安徒生的信仰之中。同樣，這種信仰也來源於對克羅格·邁耶這本教科書和浪漫主義時代的自然哲學。這是一種相當奇妙的對撞，來自奧登斯的原始、單純、樸素和來自人文領域的精緻學說相結合，讓信仰本身變得更加通透了。我們看到，在接下來的幾十年裡，在物理學家奧斯特相當程度的影響下，這種信仰全都融入了成年安徒生各種文學作品的嘗試之中。奧斯特曾經告訴他說：「道德中的合理性即為真；意志中的合理性即為善；幻想中的合理性即為美。」

「真、善、美」是安徒生永不厭棄的審美追求。「他試圖創作關於『自然精靈』的故事。在故事裡，他把世界解釋為上帝情感的迸發，就像他在一篇作文中如此美妙的描述那樣：『人類的靈魂是永恆火焰的火花。風暴是他的聲音，雲彩和海是他的衣裳，整個世界是他瑰麗王冠上一朵卑微的小花。』」

多年以後，當安徒生的童話風靡歐洲大陸時，一位著名的神學教授哈斯曾這樣評價他：「一度說『大自然是可見的精神，精神是不可見的大自然。』這一點，昨天聽您朗讀您的童話時我又體會到了。它們一方面深入到大自然的神祕中傾聽，懂得鳥語，知道一棵雲杉或者一株雛菊的狀況如何，於是大家好像自願地去到了它們中間，我們以及我們的孩子分享它們的歡笑和悲傷；但是另外一方面，這一切又只是精神的圖畫和人心在其中無止境地翻騰和激盪。祝願上帝讓您詩人的心泉再洶湧地噴發一陣，好讓這些童話在德國人的記憶中成為民間傳說。」

不過，讓我們還是回到安徒生在文法學校的這段日子。安徒生曾在一篇短文中表達過如下觀點：「基督教課程不像語法和幾何學課一樣是死事實的集合。相反，基督教課程代表著活生生的現實。文章從神話式的開頭轉向神學解說，分析了《創世紀》的基礎和人類精神的偉大。」隨後，安徒生提出了一個重要觀點，這個觀點將指導他此後長達半個世紀的寫作生涯。文章說，《創世紀》背後的力量可以定義為「孩子般的精神，這種精神將生命賦予最初的人類」。「萬能的主，奇蹟般地使萬物繁衍眾多。難道創造世界的想法不是孩子般的想法嗎？」

年輕的安徒生毫不猶豫地把「上帝」等同於「孩子般的精神」。而且短文給我們的啟示相當簡單：成年人必須學會在孩子面前屈膝。只有那樣，他們微不足道的現實世界才會擴大。

這篇短文向我們展示了作者傑出的才智——只要他願意，他完全可以成為一名哲學家。孩子的精神——天真、純潔、無畏，遠比生活在人格牢獄之中的成年人更接近天國的期許。孩子的力量並非看上去那樣弱小無依，他（她）讓人格的牢獄有了破口，甚至他（她）們本身就可以成為我們成年人的「逃城」！可以說，正是在基督教裡，安徒生發現了自己，也發現了「孩子般的精神」，這種孩子精神正是他日後得到無上榮名的直接原因。

約納斯·科林——再生之父的情感慰藉

安徒生在1832年為科林家族創作的回憶錄中，這一點顯現無遺。在回憶錄中，安徒生回顧了離開赫爾辛格回到哥本哈根後那段艱難但卻具有決定性意義的生活與工作片段：

我真的害怕爸爸（約納斯·科林），儘管我全身心地愛著他，因為我的恐懼是有根據的：我覺得我生活中的一切快樂，乃至我的生存，都離不開他。

也許，只有當科林出現在安徒生的世界之中，他才知道自己是多麼渴望父親——一個只有王子才有的高貴、威嚴，具有強大防禦功能的父親。作為上流社會的中流砥柱，科林是完美的移情對象。

蒙恩的童貞：安徒生的秘密花園

第一篇 小雛菊——安徒生的本體隱喻

約納斯・科林

（1776 年— 1861 年）

安徒生自從父親過世以後，陷入無邊的孤獨和恐懼之中，忽然闖入的繼父粗暴地侵占了他的疆域，而一向溫暖的母愛也開始荒蕪。他選擇了逃離。從此以後，逃離成為他面臨生存困境之時唯一的處理模式。自從 14 歲來到哥本哈根，他在很多場合扮演小丑的角色，努力讓自己得到別人的同情和幫助，他的本質就是一個小乞丐。為了生存，他窮盡了自己的手段，但生活依然如此艱難。

而現在，一個夢寐以求的父親出現了！這位父親強而有力，幾乎無堅不摧，他滿足了孩子的全部渴望，是孩子「反抗陌生的高級力量的保護」。阿德勒認為，移情根本上是一個勇氣問題，安徒生嚴重缺乏與現實對抗的勇氣，他幾乎是怯懦的。他迫切地需要這樣一位移情對象為自己創造一個安全和滿足的世界，那麼，他將欣欣然不再焦慮。

精神分析家喜歡把移情理解為一種退行現象，是盲目的，一廂情願的，對自身世界的自動控制。

其實，對人類而言，移情是一種再普遍不過的現象，並不稀奇。但是古往今來，移情在那些擁有巨大能量的人身上總是表現得更為深刻而突兀，我們有必要對此進行探尋。對於安徒生，移情同時表現為一種精神疾病症狀。費倫奇對此做出了極具說服力的闡釋：「我們並非只討論精神疾病，我們也

討論每個人對局部刺激的渴望和熱情，這種刺激代替了整個世界……移情證明了每個人都是精神疾病患者，因為移情是對現實的人為固定，是對現實的普遍扭曲。由此引發的結果當然是：人擁有的自我力量越小，恐懼就越多，移情就越強烈。」

約納斯·科林是一位非常有風度的長者，他舉止高雅，身份顯赫，不但身為最高國會參政議員，而且長期擔任皇家劇院的財務經理。一旦有哪位顧問對一部新戲劇的質量感到滿意，他就可以投下決定性的一票，總之，這個人對文藝界有舉足輕重的影響。

除此以外，在1800年到1850年期間，他主要的身份是一位社會活動家，作為商人、農民、作家等各種社會團體的代言人，無論在談判交涉，還是發揮社會影響、發起社會運動等方面，他所具有的能力都令人嘆服，在丹麥社交圈內有著相當的影響力和號召力。他的五個子女，要麼成為律師，要麼嫁入豪門，正是當時具有典型意義的貴族家庭。無疑，安徒生極度渴望融入這個家庭，它將會成為其人格防禦系統之外的那層殼，堅硬、強大，如同堡壘，永遠不被攻破。

為此，他做出了巨大的努力希望自己能成為科林家庭中的一員。他對自己的嚴格要求很大程度上是不至於讓科林失望。科林的兩位兒女，尤其是排行老三的兒子愛德華，在安徒生的生命中占據了濃墨重彩的一筆。

安徒生在自傳中說：

當時的國會議員科林是丹麥最著名的人物之一，非常善於團結最傑出、最優秀的人才。我尊重他，在各方面都信任他。他宛如我的再生父親。我感到他的孩子們都像是兄弟姐妹，他是我初次見到的最好的人。

科林很看好這個年輕人的聰明才智。1828年，他曾經毫不吝嗇地把父親般的讚美送給這個剛剛畢業的大學生：「以上帝的名義，沿著你一直期待的道路走下去，那肯定是你最好的歸宿！」同時，他還讓正在學習法律而且曾經幫安徒生學習拉丁文的兒子，繼續指導天馬行空的安徒生。同時，科林是愛安徒生的，幾乎像真正的父親一樣。

蒙恩的童貞：安徒生的秘密花園
第一篇 小雛菊——安徒生的本體隱喻

　　但是，就像那個時代的整體風格一樣，他的同情，他的愛，他潤物無聲的關懷，依然是處於一種理性的節制和彬彬有禮之中的。和那位縱容安徒生詩人天性的奧斯特不同，嚴峻少言的科林希望透過自己多年的實踐經驗來教導這個孩子學會務實，腳踏實地，少做白日夢。因此，他只能是一個在書面文體中出現的「父親」。很多年以後，科林已經過世了，安徒生回憶起青少年時缺錢的窘況：

　　國務參事科林當時也很幫助我，對我是一種安慰和支持。我不敢要求過分，除非萬不得已，我不去求他。我經受了匱乏和貧困——這些我不願意多談。但是，就像我在孩提時代想的那樣，在我有困難的時候，上帝會幫助我！我有一顆福星，那就是上帝。

　　安徒生是一個自尊心非常強的人。儘管初出茅廬的他在經濟上一直不穩定，但很少因為錢的事麻煩過科林。「由於我的穿著大體上需要適合我要去的那些圈子，我的日子就倍加拮据。報紙刊登文學作品不付稿酬。」再窮再苦也要為一套得體漂亮的行頭勒緊褲腰帶！這是安徒生的一貫風格，我們不再對此多做評論。

　　1834年的11月，安徒生向皇家圖書館提出的求職申請被拒絕後，在經濟上一度出現了嚴重的危機。萬般無奈之下，他給約納斯·科林寫了一封信。在信中，安徒生描述了目前經濟狀況的艱難。他不僅沒有錢買新衣服、新鞋和床單，甚至根本無力支付房租。因此，他提出向科林借100元錢。在此之前，安徒生已經欠科林一家100元。

　　我是個窮人，我覺得自己比最悲慘的乞丐還可憐，貧窮侵蝕著我的精神和我的勇氣。我真的已經習慣了生活的現實，以至於我根本不會再去夢想美好的時光。我正在面對著一個痛苦的將來，我幾乎沒有勇氣去面對它。這樣的日子很快就要到來了，我不得不去申請到鄉下做一名窮教師的職位，或是到幾內亞海濱找一個工作。如果您去世了，也許就不再有人關心我了，我的天分在生活的艱辛中將一無是處。

　　收到信後，科林馬上寫了一封回信：「保持冷靜，今晚先睡個好覺！明天我們談一談，想想辦法。你親愛的科林。」

第二天，安徒生就拿到了20塊錢，並在6月份又拿到了20元，8月份，作家再次拿到了第三筆借款——30塊錢。大約在9月1日和10月1日，他不得不再次向科林分別借了15元。包括《小科爾斯頓》在內的很多戲劇已經被皇家戲院收下了，但一直沒有上演。一般情況下，在一部戲劇上演之前，劇作家是不會拿到版稅的。而實際的版稅也從100到200元不等，具體取決於戲劇的幕數。

看得出來，安徒生對科林，是懷著真正的對父親的敬畏之情的。在科林面前，他不但不敢放肆，對自己提出的所有請求也非常小心，但這對他並非沒有好處，而且，在科林的位份上，確實已經做得夠好了。作為安徒生的「再生之父」，科林比大部分孩子的親生父親更為合格，連給安徒生的回信都會加上「父親般忠實於你的科林」字樣。也許，只有這種不怒而威的父親般的氣場，才能讓敏感但很容易被虛榮衝破頭腦的安徒生稍事收斂——一直到他蜚聲文壇以後。安徒生在自傳中說：

我的生父和繼父都不必也不會比他對我更好；誰都不會像他那樣為我的幸運和我後來受到公眾的歡迎而衷心地高興；誰都不曾比他更熱忱地分擔我的憂慮。我可以自豪地說，他是丹麥所有最好的人之一，他對我的感情與對自己孩子的感情一樣。他送了錢給我而又不在言語或表情方面使我感到難堪。在我的命運轉折的時刻，我需要致謝的每個人並不都是這種情況。他告訴我要考慮意想不到的憂慮和窮苦。科林的話表現了父親般的熱心腸。嚴格地說，我在每件事上都應該感激他。

移情不但暴露了自我的無助，同時也帶來英雄詩的續篇，安徒生正在成為並且最終成為科林那樣的人，而且更為出眾。只不過，我們看到，移情的過程歡樂而殘酷，這個可愛的家庭對他施行的不完全的完全接受，正是一種春光明媚的折磨。焦慮的生長比發芽的種子還要迫切。

首先，焦慮產生於外力對其自由意志的違背。科林以及愛德華並不贊成安徒生將作家當作職業。在當時，如果沒有公職或者特殊津貼，作家很難維持自己的生存。老科林的首要目的是讓安徒生「在一個高於他所出身的那個社會等級的社會中成為有用的一員。文法學校那套制度是為教會學生以恰當

蒙恩的童貞：安徒生的秘密花園
第一篇 小雛菊──安徒生的本體隱喻

的方式學習而設計的，是為了把他們鑄造成預期的產品，使他們成為像他們父輩一樣的人」。這裡的父輩對安徒生而言當然不是指鞋匠，而是科林。就像愛德華後來成為一名律師（律師和牧師是非常穩妥而體面的職業），科林也希望安徒生走上這條光明大道。這番苦心加重了安徒生的焦慮和不安，卻也讓他更加明瞭寫作對於其個體的獨特意義──唯有寫作，才是確定其獨特不朽的工具。寫作如同信仰，是絕對私密的私人事件，也是純粹個體的自因投射。

第二，不可緩解的情感衝突。羅茨恩曾經指出，如果人不能擁有自己的兒子，他就不能成為自己的父親；自然出生的兒子當然不在考慮之列，因為他們沒有「天才的不朽素質」。安徒生找到了寫作作為自己的表達途徑以及天才的證明，寫作似乎有可能成為他的「兒子」──如果寫作成為他的「兒子」，那麼，他將成為自己的父親。換言之，他將放棄科林這位「再生之父」對自己人格塑造所施加的力量。

但是，因為移情，使情感衝突加劇。「信賴自己的父親，或者父親的替代物，或者偉大的天父，讓自己與之融為一體，就是放棄自因投射，就是放棄成為自己父親的企圖。而一旦放棄，你就消失了，你的命運就不再屬於你自己，你將永遠是一個孩子，在長者的世界中過著孩子的生活。」

這個矛盾的人哪，他既要成為自己的父親，又拒絕成為自己的父親，天父和科林讓他滿足於做一個小孩子的現狀，而寫作的衝動空前強大，寫詩、寫劇本、寫遊記……他從來未曾終止。終於，現階段的痛苦在他發現了那種最適合自己的文學體裁後有所緩釋。就像過去一樣，痛苦再次成為祝福。請看這首他在 20 歲寫的詩歌：「只有經歷衝突，世界才會持久／只有經歷燃燒的火焰，金屬才會純淨／只有經歷戰鬥，靈魂才會贏得力量和尊嚴？」

而在一篇題目為《人為什麼不想在生命中獲得永恆的幸福》的具有啟發性的短文裡，當他明確指出只有痛苦才能教育人時，他的思想超越了他實際能夠確定的界限。後來在短文裡，他詳細闡述了這個觀點：「透過反對和爭鬥，萬物得以存在；正是以這種方式，混沌狀態變得井然有序；正是透過火的力量，賤金屬得以淨化。因此，只有經歷苦難，一個人才得以淨化，並得到真正的

幸福。當世俗生活的痛苦撥開了人們內心的紗羅時，才能捕捉並希望得到這種幸福。」

蒙恩的童貞：安徒生的秘密花園
第二篇 玫瑰——欲愛和藝術之愛的抉擇

第二篇 玫瑰——欲愛和藝術之愛的抉擇

在安徒生的童話作品中，玫瑰是出現頻率最高的花朵，而且永遠是最美的意象——它們足夠美麗，足夠完備，以至於任何單獨的一朵也有無窮的美態。在我們的日常經驗裡，花總是需要一束、一籃、一車甚至一整片集體出現時才能映襯人事之美好，抑或讓人發出生命燃燒的喟嘆。

唯獨玫瑰不需如此，它是罕見的以個體媲美整體的花朵。可是，即使擁有如此鮮潤的顏色，如此無懈可擊的姿容，玫瑰的意思也並不是讓人隨意採擷，它偏要在枝梗上生出密密麻麻的小刺來，用天賜的武器拒斥那只意圖攀折的手。

這實在讓人心癢難撓。久而久之，玫瑰漸漸地成了愛情的象徵，並在後期具備了成為愛情信物的實際功用。是的，美而多刺，這刺便讓美成為禁忌了，仿若愛情，又仿若藝術。我想，安徒生的玫瑰同時還隱喻著上帝之愛，童話中的大量篇章可以說明這一點——要知道，耶穌基督受難前，額頭上正是戴著這樣一頂荊棘的冠冕！每一個認罪的人都在十字架前顫慄——那朵絕對無罪的玫瑰花，卻因為世人的罪而流乾了自己的最後一滴血……

如果說《玫瑰花精》中的玫瑰精靈代表了作者對純潔愛情的捍衛和對弱者的同情，那麼《荷馬墳前的一朵玫瑰》則旗幟鮮明地表達了作者對藝術和永恆的渴求。到底哪一個是最重要的呢？

他徘徊、踟躕，最後，他放棄了那朵欲愛的玫瑰，將自己的童貞獻祭給藝術之愛。他說：「一朵玫瑰最好的結局，應該被夾放在一本《聖詩集》裡。」

情願就這樣困在網中央

人學之網的誘惑

　　人的防禦機制形成了人格，支撐起一個巨大的幻覺：一旦理解了這一點，我們就理解了人的完全的被驅性。人被驅策而脫離他自己，脫離他的自知之明和自我反省。人被驅向支撐起人格謊言和無意識平靜的那些事物，但同時也被拉向正好使他感覺焦慮的那些事物。

　　而在日常生活中，這種被驅性最普遍的表現內容為人際關係，表現方式為焦慮。

　　「安徒生」（原譯為安德森）這樣一個因翻譯者的錯誤而誕生的奇特的名字，本身便已包含了豐富的訊息。以文字遊戲的態度來看，怎麼能白白地來世上走一遭呢？安徒生——安徒的兒子，這是下層人獨有的姓名符號，正如他在童話《跛子》中強調的一樣，當時的人（哪怕是一個小女孩）也認為「名字中有個『生』字的人是混不出什麼名堂的，要和他們遠遠地保持距離」。名字中的「生」，是卑賤身份的烙印，是無數恥辱的根源，是他一生想要拚命擺脫卻始終如影相隨的夢魘。同樣，名字中的「生」字除了暗示著那位救世主，也預示著天國之門的開啟。

　　安徒生曾經在自傳中提到當眾朗誦帶給他的雙重影響：「我面對的人群越大，朗讀就會越成功，但是，我去參加這樣的朗讀會時，心中總有莫大的恐懼。起初，我事前會有一個不眠之夜，夜晚到來時，我就像是在發燒一樣。引起我這種恐懼的並不是什麼別的人，哪怕是最重要的人坐在那裡當聽眾。不是的，是那一大群人，群眾。就好像我被他們搞暈了一樣，就好像我被他們箝制住了一樣。但是只要受到邀請，我總是很高興。」

　　人群，熙熙攘攘的人群，人群交織中形成的關係，對安徒生來說不但是慾望之源，也是恐懼之源。

　　從幼年時，安徒生就表現出令人注意的才華，他也樂意將自己袒露在大庭廣眾之下，他幾乎無師自通地學會利用各種關係，使自己得以不斷認識更

高階層的人。他終身喜愛旅行和不斷地拜訪別人,同樣,他也樂意接受別人的拜訪,即使在他去世的幾週前。

他對人際關係的諳熟於心讓人驚嘆,但是,從後面的篇章我們將會得知:他過得並不好,甚至比一般人、一般藝術家都糟糕得多。他一生覬覦榮譽,而榮譽對他已經是司空見慣的東西,他並不曾藉此而讓自己的生活過得哪怕稍微如意一點:他沒有妻子,沒有孩子,沒有也不需要房產,他一生的大部分時間都寄居在別人家中;他處於永遠的孤獨和失落之中。

換句話說,人際關係的熙熙攘攘只是一層悲涼的人皮衣,雖然他無論如何也不會脫去,但是,詩人的敏感讓他在內心承認了這種荒謬的真實處境——他從幼年到老年,不斷被驅向也被驅離人際關係。

他主要的工作是維持這種幻覺,努力使自己不至於跌入生活的普遍的不幸之中——不再古怪,做一個正常人,因此,他只得終生古怪。

安徒生生活在一個群星薈萃的時代,狄更斯、海涅、齊克果、奧斯特,每一個都是光焰萬丈的人物。不但如此,安徒生與他們中的每一個人都或深或淺地產生了交集,而最後,竟無一人足以成為安徒生的摯友。

(左)安徒生與領地伯爵夫人弗里斯及她的女兒們
(右)安徒生與莫里茨 · 梅爾考斯全家成員的合影

從本質上來說,安徒生一個朋友也沒有。

蒙恩的童貞：安徒生的秘密花園
第二篇 玫瑰——欲愛和藝術之愛的抉擇

先說海涅，這個「一副以色列人外貌的小個子」很讓安徒生傾慕。「我最希望看見、遇見的，就是他了，再無旁人。」當安徒生以一番真誠、漂亮卻稍嫌肉麻的說辭向海涅述說自己的傾慕之情後，海涅的表現讓安徒生認為「我的話給他留下了很好的印象，他非常友好」。「沒想到許多年後，我們再次相遇時，他會對我表現出那麼親切。」但是，真相也許並非如此，海涅視安徒生為趨炎附勢之人：「他的舉止顯出了那種王子們喜歡的搖尾乞憐的奴態。」

而安徒生與狄更斯、奧斯特、齊克果三位大基督徒之間，一直頗有淵源，留下的故事也耐人尋味，但是，他們也稱不上是安徒生的朋友。

狄更斯非常喜愛安徒生的作品，希望能與他建立友誼。在安徒生的自傳中，狄更斯這個名字出現的頻率也比較高，很容易看出安徒生對他的推崇和敬愛。他們一直互通書信，關係還不錯，直到狄更斯邀請安徒生去自己的莊園中住了五個星期以後，選擇與他斷絕了來往。布雷茲多夫是這樣記述的：「1857 年 6 月，安徒生應邀前往狄更斯在肯特郡的鄉間居所，在那一待就是五個禮拜，幾乎讓主人瘋掉。狄更斯的女兒凱特後來回憶，他父親最終攤牌說：『漢斯‧安徒生在這屋子裡睡了五個星期——好像要跟這個家永遠過下去了！』」

安徒生雖然在自傳中也比較詳細地講述了這件事情，但是到死也沒明白個中緣由。

著名物理學家奧斯特，不但是一位偉大的科學家，也是一位了不起的基督徒，他在自然科學的制高點更堅信了自己的信仰，從而讓自己的信仰更具力量。奧斯特曾經給予安徒生不少支持和鼓勵，有生活上的，也有宗教上的。安徒生在自傳中這樣描述：

他蘊藏著巨大的知識、經驗和技能，他還具有令人敬仰的童稚的天真無邪和純潔。這裡顯現出一種絕無僅有的性格，帶著標明這種性格的神聖印記。此外，他還有深刻的宗教信仰，他透過科學的眼鏡看到了上帝的偉大，那是一個基督徒閉著眼睛也會高興認可的。

奧斯特以自己的博學、親切，對安徒生詩人天性的愛護，深深地影響了他的文學創作活動和其他方面。安徒生很喜歡新興技術，比如銀版攝影法、汽輪、火車等，他總是對時代的進步滿懷激情。總之，奧斯特以獨特的人格魅力贏得了安徒生的尊重和喜愛，他也是極少的幾位一直對安徒生傳遞正能量的「上流社會」代表之一。後者曾一度渴望成為他的女婿，但是他們一直不曾有更親密的關係。奧斯特對這個年輕人的愛護，很大程度上是出於一種基督徒的博愛，還有父輩的關懷，而不是其他。

安徒生和齊克果之間，同樣也沒有真正的友情，但是這兩個天才之間的碰撞珍貴而且極其精彩。本書將以專門的章節來討論安徒生和齊克果之間的特殊的友誼。

初試啼聲：海貝格及其夫人

他升上高天的時候，擄掠了仇敵。

——以弗所書 4：8

海貝格和他的《飛航郵報》是當時丹麥文學的標竿，任何人都以結識海貝格和在《飛航郵報》上發表作品為榮，對安徒生、齊克果這些哥本哈根大學的年輕學生而言，就更是如此了。

1838 年，齊克果經過千辛萬苦終於出版了自己的大作《來自一個尚存者的作品》，作為對學長安徒生的文學討伐。他還在書中描寫了海貝格的老母親，並且對她的文學作品盡情地吹捧，希望能藉此為契機，讓自己在這座城市的主流文學俱樂部中獲得一席之地。

此外，齊克果還曾經針對安徒生的最新小說《不過是個提琴手》發表過一篇評論文章，他非常希望但最終還是沒有入選海貝格的出版物《珀修斯》中。要知道《珀修斯》可是當時哥本哈根社會各界名流不可缺少的一份刊物。連一向超脫的齊克果尚且如此，由此可見海貝格對整個丹麥文壇的向心力和影響力。比較起來，安徒生比齊克果幸運得多，最早使他揚名的，也正是海貝格和他的《飛航郵報》。

蒙恩的童貞：安徒生的秘密花園
第二篇 玫瑰——欲愛和藝術之愛的抉擇

　　1828年或者更早，安徒生在奧斯特舉辦的一次晚宴上結識了當時的文學泰斗海貝格，並為他朗誦了自己的詩歌《黃昏》和《恐怖的時刻》。海貝格肯定了詩歌的價值，還在自己主編的《飛航郵報》上刊登這個年輕人的作品。當時，安徒生甚至還不是一位大學生。

　　為了吸引公眾特別的注意力和引起一種轟動，詩歌隱藏了作者的名字，只用了一個字母「H」來代表安徒生（漢斯·克里斯汀·安徒生）。可每個人都認為這個字母代表海貝格。安徒生在自傳中寫道：

　　我現在還清晰記得兩首詩在報上發表的那個晚上，當時我正在一個朋友家。那家人對我很友好，也經常善意地跟我說，他們對我寫的那點押韻的東西並不以為然。朋友的父親手裡拿著《飛航郵報》走進客廳，笑容滿面地說：「今天晚上的《飛航郵報》上有兩首好詩。那個海貝格真是才思敏捷，不得了。」接著，他為我們朗讀起這兩首詩。我的心狂跳不已，但什麼也沒說。然而，在場的有位年輕女士知道詩是我寫的，覺得這事挺好玩，笑得忍不住了，說：「那是安徒生寫的！」所有人都沉默下來，半天誰也沒說話。

　　接著，海貝格再次為安徒生破例，在《飛航郵報》中發表了一首已經發表過，但沒人注意到的詩歌——正是那首《垂死的孩子》。

　　無疑，在一開始，海貝格是很欣賞安徒生的，他認為後者在詩歌中表現出來的某些美學特徵和自己提倡的文學理念一致。而正是因為他那讓人誤解的做法，加上別緻的敘述視角，才使得《垂死的孩子》在歐洲大陸產生了廣泛的影響，也讓初出茅廬的詩人感受到出名的喜悅。

　　不久以後，在遊記《影子》中，安徒生描述了這樣一個場景。一個年長的、對丹麥文學感興趣的德國旅客問安徒生：「他就是《垂死的孩子》的作者嗎？」當安徒生證實這一點時，年長的旅客很奇怪，這樣一個年輕又沒有經驗的作家怎麼能寫出如此高明的詩。或許他曾親歷過喪子之痛？安徒生如實地回答說，這首詩創作於學校的外語課上。在列舉希伯來語「殺」的變化形式過程中，他「深有感觸並寫出了」這首三節詩。

但是隨著安徒生文學風格的逐漸成熟，他和整個丹麥文壇開始顯得格格不入。以海貝格為代表的權威和批評家們，更是長期和安徒生處於敵對狀態。海貝格甚至在自己的作品《死後的魂靈》中「判決」安徒生下地獄，因為安徒生的作品《摩爾姑娘》和《白黑人混血兒》正在地獄轟轟烈烈地上演。

正是他的不公正評價，導致安徒生在國內的日子一直舉步維艱，長期飽受壓抑和各種心理疾病的折磨。直到後來，國王知道安徒生在歐洲大陸很受歡迎，才對安徒生另眼相看，他可能心裡在想：看不出來喔，原來你在國外那麼紅！

在19世紀30年代，安徒生對海貝格是極為尊重的，但在40年代中期，當安徒生得到承認並蜚聲海外時，兩者的關係發生了微妙的轉變。安徒生在自傳裡幽怨地說：「最糟糕的是，海貝格一定要傷害我。在哥本哈根，他既是丹麥文學的阿拉又是阿拉的先知。」

其實，海貝格也是相當真性情的人。當年，在安徒生急需得到一筆旅行獎學金出國旅行的關鍵時刻，申請面臨難題，僅僅是奧斯特他們幾個的推薦信是不夠的，海貝格雖然當時就已經很不待見他，但還是為他寫了推薦信。

後來，安徒生確鑿地明白了海貝格對自己的敵意，居然跑去質問他為什麼這樣做。這位文壇的前輩微微一笑：「沒什麼，我就是想教訓你一下。」後來反而對他友善了。

在當時，「對於一個丹麥作家來說，劇院現在是，過去也是最能有所收益的工作場所」。由於報刊上發表的文學作品是沒有稿酬的，作為一名詩人、小說家很難維持自己的生存。多年來，劇院一直是安徒生孜孜不倦而飽受打擊的戰場。

約翰娜·露易絲是海貝格的妻子，當時丹麥戲劇界毫無爭議的第一夫人，只要她演的戲，必紅；反之，無人問津。她一直不喜歡安徒生提交的劇本，對他的所有劇本都評價欠佳，甚至還拒演了《摩爾少女》中的主角。安徒生跑去苦苦哀求她：「海貝格夫人，你簡直讓我絕望了！我把全部希望都寄託在你出演主角上了，如果你拒絕出演，這部戲劇就會失敗，我就得不到所需

要的錢。我非常需要提高自己的教育水平，必須出國來獲得這一機會，必須去希臘，去君士坦丁堡，必須有錢才能去這些地方。你可以給我帶來這些錢，所以我懇求你扮演這個角色，就演 5 場。我求你了。」

「我不能，也不願意！」她回答。

一個由於有天賦，由於和報界有良好關係，或者由於在群眾當中有人緣而成為明星的演員，男的也好，女的也罷，會置自己於劇院領導之上，於作家之上；而作家必須和他們搞好關係，因為他們可以拒絕出飾某個角色；或者同樣糟糕的是，一齣戲還沒有在舞台上露面，他們就在群眾當中散布他們對那齣戲並不很認可的觀點。安徒生後來在傳記中如是寫到。

即使安徒生和海貝格兩人都離開人世以後，這位當年的戲劇界第一夫人依然毫不客氣地表達了對安徒生的嫌棄，認為他性格軟弱，根本沒有資格成為一名劇作家，自己的老公比他強太多，兩者根本沒有可比性。

齊克果：不是冤家不聚頭

首先來看一則新聞：「存在主義之父」齊克果贈安徒生的原書被發現。

據丹麥《日德蘭郵報》27 日報導，一本帶有丹麥 19 世紀著名哲學家親筆簽名的哲學名著《非此即彼》近日在丹麥被發現。齊克果在書的扉頁上親筆留言，將該書贈送給另一位丹麥名人——童話大師安徒生。

齊克果 1813 年生於哥本哈根，是丹麥著名的神學家和哲學家，被譽為「存在主義之父」。他在倫理學、宗教學和哲學方面著述頗豐，其中發表於 1843 年的《非此即彼》被認為是他最主要的哲學思想的彙集。而享譽全球的丹麥童話大師安徒生生於 1805 年，少年起在哥本哈根求學。在他當演員的夢想破滅後，轉而開始為孩子們寫作。

這兩位聞名世界的丹麥人在他們的有生之年有過多次交集。齊克果曾對安徒生的作品提出過批評，安徒生對此並不以為意。齊克果向安徒生贈送《非此即彼》就是兩位偉人之間「友情」的見證。

《日德蘭郵報》稱這一發現具有不同凡響的文化歷史意義。這本珍貴的文獻曾一度失蹤，而今重新出現，令書商興奮不已。丹麥古書拍賣市場已經決定將這一珍貴文獻拍賣。

安徒生比齊克果年長八歲之多，但由於入學晚，算起來也不過是比他高兩個年級的學長而已。這兩個上帝的寵兒此時正值青春，揚揚得意，自詡為詩人。但是，兩人的內在本質依然表現為孤獨，而絕對的孤獨又呈現出截然相反的性格特徵：一個渴望進入人群，一個卻渴望從人群中徹底逃逸，甚至不惜與整個人類為敵。

從外形上看，他們具有強烈的對比效果。安徒生身高百八十八公分，高而且瘦，擁有一張「農民的臉」和一對「長得讓人眩暈的手臂」，穿著考究（至少從進入哥本哈根大學以後，他的穿著品味一直在穩步提升）。而齊克果五官英俊，身材矮小，脊椎微微彎曲，略顯畸零。如果外形好壞難分伯仲，那麼氣質就差得太遠了。

安徒生在對自己一遍遍的檢討和質疑中養成的那種令人心碎的捉摸不定的柔弱氣質幾乎成了他本人的夢魘，而齊克果獨有的感性和激情，即使是以最尖酸刻薄的方式來表達，也能顯示出旺盛的雄性荷爾蒙。

雖然齊克果五十步笑百步，嘲笑安徒生是「單身漢階層」，但他的意思顯然指向這個說法的外圍：你一輩子只配做個單身漢！可憐的安徒生從來沒有得到過任何女人的愛情，而他齊克果，是為了言說自己的存在，才選擇主動棄絕了愛情。

蒙恩的童貞：安徒生的秘密花園
第二篇 玫瑰——欲愛和藝術之愛的抉擇

《植物和老頭》選自《阿斯特麗德 · 斯坦普的畫冊》

　　雖然齊克果和安徒生生前是一對冤家，但是他們卻以驚人的相似被後人捆綁在一起津津樂道。是的，這兩個名字連在一起幾乎就代表了丹麥！如果我們把哲學看作廣義上的文學，那麼，他們無疑是丹麥最耀眼的文學雙子星，從19世紀到現在！

　　他們在生前互相攻擊，卻在死後彼此輝映。同樣的畸零，同樣的單身漢，同樣熱愛童話，同樣強調個體的感知，同樣是虔敬的基督徒，同樣恐懼女人……以至於要講安徒生，就無法不提到齊克果。

　　兩個男人都熱愛童話。但是，誰又能不熱愛童話呢？童話的存在像人類一樣古老，它具有豐富的資訊，可以直接反映宗教、哲學、科學、藝術等各個領域的傑出思想。同時，它也是一種新鮮有趣的載體，伴隨著洶湧的浪漫主義思潮，以完全不同於這一時期其他文學的形式，精確地反映著時代精神。

　　齊克果可以花上一整天的時間，去閱讀世界上各個時代和各個地區的童話。在1837年開始的一次旅行中，這位22歲的神學學生曾經寫道，每當他「厭倦一切，對生活感到厭煩」的時候，童話總會給他提供一種恢復活力、煥發精神的機會，即使是在悲傷的時候，也能讓他找到歡樂。

1856 年，在齊克果去世之後，他所收藏的大量書籍被公開拍賣，人們在其中發現了近 100 冊童話形式的文學作品，其中包括古希臘、古羅馬的傳說和大量來自羅馬尼亞、荷蘭、匈牙利、愛爾蘭和德國等國家的故事。藏品中還包括《一千零一夜》《格林童話》《伊索寓言》、丹麥的民間歌謠以及大量有關童話和眾多傳奇人物的書籍。

這些人物不乏唐璜、浮士德、亞哈隨魯以及蒂爾‧尤倫斯皮格爾——14 世紀一個頗具傳奇色彩的雲遊者和故事作家，他的名字幾乎遍布德國民間故事和逸聞。齊克果所收藏的這些童話書籍並非是繼承得到的，而是他在 19 世紀 30 年代和 40 年代期間購買的。這些藏書還包括幾卷漢斯‧克里斯汀‧安徒生的《講給孩子們聽的童話故事》，儘管這位哲學家並不是它們的熱情擁護者。

事實上，齊克果對安徒生的童話幾乎深惡痛絕，由此我們才能理解，為什麼齊克果對安徒生的攻擊那樣尖刻，不留情面，而且幾乎可以說是大失水準。在 19 世紀 40 年代，他曾經憤怒地聲稱，安徒生根本不懂得什麼是真正的童話：「為什麼他不去專門寫詩呢？他有一副好心腸，這就足夠了……他的詩詞的確是純潔的，但他的童話呢？！」

齊克果不喜歡安徒生，最首要的原因是他認為安徒生的童話「哭哭啼啼」，過於感傷，讓童心蒙塵。他主張讓孩子們多讀童話，從而充實自己的心靈，鍛鍊那種「不可思議的力量」。齊克果強調，沒有必要去刻意迴避童話故事，因為童話故事可以為兒童與生俱來的畏懼心理創造出一個空間，而這種畏懼心理則來源於兒童所固有的生動的想像力。

就像他其他的充滿了天才的神祕和不可思議的論點一樣，齊克果僅僅憑藉感性的認知就達到了佛洛伊德透過臨床觀察得到的洞見之一致高度。若干年後，佛洛伊德從無意識的角度出發，也認為童話和夢一樣，能夠幫助兒童宣洩不安、恐懼和仇恨等情感，能夠最有效地緩解兒童的焦慮。

齊克果指出，童話具有心理上的淨化作用。在成長過程中的某一階段裡，孩子們需要透過童話中的刺激和緊張來表現和釋放這種內在的恐懼——佛洛伊德強調了焦慮，而齊克果則強調恐懼，他們的觀點在本質上是一致的。

蒙恩的童貞：安徒生的秘密花園

第二篇 玫瑰——欲愛和藝術之愛的抉擇

兒童從三歲開始就會有「死亡」的概念，死之恐懼必然表現為生之焦慮，而這是任何一個兒童都無法迴避的人之常情。齊克果認為，神話和優秀的童話故事就是孩子們所需要的！童話不僅有教育和培養作用，它所包含的救贖性詞句，還可以讓孩子們的情感得到釋放。相比起來，安徒生的童話過於幼稚和情緒化。

齊克果對學長始終評價欠佳：「那些高大的人竟然如孩子般天真和幼稚。他們幾乎要不擇手段地去證明，自己的鬍子永遠不會長到必須剃掉的程度，於是，他們就能讓自己永保青春。」

齊克果以自己天才的直覺洞悉了安徒生的祕密：這個巨人般的小孩，帶著童年的創傷性經驗，步步為營，逃到童話中去了，他夾帶著太多個人化的東西，而且還是「哭哭啼啼」的！這些負面的情緒對孩子的心理健康一定會產生消極影響，而這嚴重違背了童話的初衷——它本來是為舒緩孩童面臨的最初的壓力和不安而誕生的。

但奇怪的是，安徒生這「哭哭啼啼」的講述者卻是迄今為止全世界兒童最喜歡的「童話王子」，這又做何解釋？也許，童心也需要憂傷，他們比世故的大人更能體貼生命本質的無常。

齊克果的這部大作確實是為了打擊學長而問世的——《來自一個尚存者的作品》，就像此後齊克果著作中那些令人毛骨悚然的書名一樣，這個拗口的標題也包含著一種死亡意味。當時還默默無聞的齊克果想要出版這本書並非易事。後來當他做出對這個小作品自負盈虧的保證時，同樣作為安徒生作品發行人的賴策爾，才勉為其難地出版這本評論性書刊。

安徒生在《我的童話人生》裡提到過這本書帶給他的傷害：

長篇小說《不過是個提琴手》在很長一段時間內滿足了我們國家非常有天賦的人中的一位年輕人，那就是索倫·齊克果（齊克果）。我們在街上碰上了，他對我說，他要為這本書寫一篇評論，說比起以前的那些，我一定會對它感到滿意。因為，他承認人們對我的看法太不公平了！結果很長時間，他把這本書讀了一遍又一遍，結果，最初的好印象淡出了，我不得不這樣想。

他越是嚴肅地思索這本書，書裡的錯誤就會越發的多。評論終於出來了，我根本不會對他的評論高興，那批評幾乎是一整本書。我想，這是齊克果寫的第一篇東西，讀起來很澀。他的表述有著某種黑格爾式的沉重。人們也開玩笑地說，只有齊克果本人和安徒生才能把那部大作讀完……到了後來，我才對這位在我進步的過程中友善、審慎地對待我的作者有了更多的瞭解。

　　寫這篇自傳的時候已經是很多年之後的事了。當然，齊克果早已離世，安徒生儘量以一種平淡、「一笑泯恩仇」的語氣來記敘這件事，可當時，這本書對他的打擊幾乎是當頭棒喝。此前，從來沒有一位評論家如此明確地看出安徒生的本質是「沼澤中的蛙類」「一株雌雄同體的花」。

　　而且這位哲學大師顯然已經輕鬆地撕掉了安徒生的皮囊：「我一直在盡我所能去捕捉一個混亂模糊、令人難以思索、以作家身份出現的安徒生——這個人存在於他所有錯綜複雜、蜿蜒曲折、牽強扭曲的作品中。」

　　在這本書即將出版的前一個星期，安徒生在日曆上所做的標註顯示，他正在為此而日漸焦慮：「對於齊克果這篇尚未發表的批評，我的內心感到無比的劇痛。」

　　齊克果的這本評論或許無人問津，但它確實在客觀上造成了如下後果——《不過是個提琴手》在國內長期遭受冷遇。儘管內心深處對這位「天才的年輕人」頗有好感，但是安徒生依然做出了微弱的還擊。童話《幸運的套鞋》中那個高唱「讓我們像個人吧」的金絲雀，就是影射齊克果的。「他所講的其他的話語，正如金絲雀的歌聲一樣，誰也聽不懂。」

　　1838 年，那篇讓我們主人翁傷心不已的評論，其副標題依然是齊克果一貫的裝腔作勢或者自命不凡——「由齊克果違背自己意志出版」。兩年後，皇家劇院上演安徒生最新創作的獨幕劇——《一場戶外喜劇》的時候，這部戲劇的副標題很明顯是對齊克果進行的調侃——「根據一部古老的喜劇而改編的獨幕歌舞劇：違背自己意志的演員」。

不過，從不喜歡與人為敵的安徒生稍後不久就開始主動示好。1843年，在閱讀完齊克果的《非此即彼》之後，他按捺不住對這位天才的激賞，主動把自己剛剛出版的童話郵寄給他，並附上了一封真誠的來信。

安徒生在題詞中寫道：「你或許認同我的作品，或許不認同，但是你的剖析是毫無畏懼的，這就是最可寶貴的東西。」但是直到1849年，安徒生才收到齊克果回贈的《非此即彼》，就是新聞中出現的《非此即彼》。安徒生表現出孩子般的快樂，他立即回信：

親愛的索倫·齊克果！

我已經收到你寄給我的《非此即彼》，這給我帶來了莫大的快樂！我感到喜出望外，我相信你會理解我的驚喜。我從來沒有想到，你會如此真誠地為我考慮，而現在你就是這樣做的！上帝會因此而為你祝福！謝謝你，太感謝了！我懷著無比激動的心情閱讀了你的書。

你忠誠的漢斯·克里斯汀·安徒生

齊克果沒有再回覆，這對丹麥最耀眼的雙子星之間的對撞就此宣告完結了。隨著齊克果的離世，安徒生繼續在各種抨擊和讚譽中頑強生存。

查爾斯·狄更斯：「一切都完了，完了。」

安徒生在自傳中講到自己在文法學校念書的那段痛苦歲月時說：「狄更斯曾經為我們描繪過可憐孩子們的悲慘生活，要是他知道我經歷過的那些日子，我的感受和苦難，那他一定會覺得描述我比描述那些孩子更加容易，更加有味道。」

查爾斯 · 狄更斯

（1812 年—1870 年）

  這位狄更斯不是別人，正是大名鼎鼎的英國作家查爾斯·狄更斯，他也是一位虔誠的基督徒。

  狄更斯非常喜愛安徒生的作品，尤其是童話。當然，他的孩子們也喜歡。在經過長時間的通信交流之後，他熱情地邀請安徒生來自己家裡做客。

  1847 年 8 月底，當安徒生在好客的狄更斯家做客時，那裡簇擁著一群孩子，所有的一切是如此的美妙，也沒有人對他的奇言怪語做任何鬼臉。狄更斯一家在海邊的小屋裡度過了整個夏天。在他們的起居室裡，就可以看到英吉利海峽。也正是在這，狄更斯舒適的家中，安徒生結束了他的英國之旅。

  安徒生來的那一天，爸爸媽媽和孩子們都坐在桌子旁邊，一看到他就把他也拉了進來。狄更斯的家是典型的維多利亞式家庭，所有的孩子都跑過來親吻這個丹麥作家，除了那個最小的男孩，他更願意吻他自己的手。

  一家之主狄更斯神采奕奕地走了出來，安徒生被迷住了，他寫道：「年輕、英俊，看起來既聰明又善良，長著一頭濃密的頭髮。」兩位作家互相握手並約定以後要保持聯繫。狄更斯對他的日耳曼血統很感興趣，乃至於想開始學習德語，甚至丹麥語。第二天一早，當安徒生離開英國的時候，狄更斯穿著

蒙恩的童貞：安徒生的秘密花園
第二篇 玫瑰——欲愛和藝術之愛的抉擇

一條綠色的蘇格蘭短裙和一件五彩的襯衫——「非常時髦」，親自陪他前往拉姆斯蓋特碼頭。正如安徒生在1847年8月31日的日記中熱情洋溢地寫道：

當船駛離海港，狄更斯離得越來越遠，我以為他已經走了，他高舉著帽子，不停地揮手告別。我想這是否意味著我們從此難再相見？

這次短暫的會面，使兩位作家保持了長達10年之久的通信，零星但卻真誠，彼此的信中都寫滿了溢美之詞。狄更斯告訴安徒生，孩子們是多麼喜歡他，並催促他盡快再度前往英格蘭，到他家多住一段時間。然而正如上面所說的，10年之後安徒生才又重新踏上英格蘭的土地，那時，一切都變了。

10年後，當安徒生再一次站在堅實的土地上，到達肯特的希格哈姆站時，他發現，儘管10年前查爾斯·狄更斯一大早就親自為自己送行，但這次狄更斯甚至連輛馬車也沒給他的這位客人派。第二天一早，沒有人把安徒生滿是塵土的衣服拿去洗滌。狄更斯的長子拒絕為這位新到的客人刮臉，甚至他最小的兒子，又叫普勞恩的5歲的愛德華也毫不客氣地對這位陌生人大叫：「我要把你從窗戶扔出去！」類似這樣的事情不一而足。

「這個瘦巴巴的討厭鬼，總是賴著不走！」狄更斯的一個女兒後來說道。在安徒生終於啟程離開後，查爾斯·狄更斯自己做了一個小標誌貼在客廳壁爐的外牆上：「漢斯·安徒生在這間房子裡住了5個星期，對我們來說簡直像是幾十年！」

然而，面對童話王子的魅力，一個真正意義上的孩子是很難招架的。5歲的愛德華很快就黏上安徒生了，兩個人成了好朋友。在安徒生待在這裡的5個星期裡，他們形成了一套自己的語言與行為方式。

沒有人能像愛德華一樣讓安徒生如此放鬆，愛德華可以隨時抓住他的手，把他拉倒在草地上，傾聽他用奇特的語言講述。每當一個丹麥單詞發音像英文詞時，孩子便高興得不得了：「我也懂丹麥語了，它和英語真是太接近了！」一天，安徒生大膽地問孩子是否喜歡他，愛德華點了點頭，笑著說現在他願意把安徒生推進窗戶裡！

對於不經同意便干涉自己私生活的人,查爾斯·狄更斯對安徒生是如此厭惡,他甚至燒燬了與安徒生有關的所有信件,並迅速斷絕了和他之間的友誼。那麼,安徒生到底犯了什麼了不得的過錯呢?

從客觀的原因來講,進入「知天命」之年的安徒生已經是一個不可救藥的精神疾病患者,這可以從同時期他造訪一位女伯爵時的可笑言行看出來。他不敢讓舉止端莊的女僕多拿幾個枕頭放在床上,而是直接去找女伯爵本人。狄更斯經常把這樁軼事講給朋友聽。最可笑的是,這位丹麥作家害怕遭到搶劫,把錢、手錶、小刀、剪刀和火車時刻表都藏在靴子裡。

狄更斯以嘲諷的語氣說:「他那難以聽懂的語言簡直太可笑了。他在講法語或義大利語時,就像是個瘋子;講英語時,就像一個聾啞學院的學生。我的大兒子發誓說,沒有一個人的耳朵能夠聽懂他的德語,他的翻譯則對班特利說,安徒生根本不會講丹麥語!」

此外,有傳聞說,安徒生在狄更斯的離婚案中扮演了不光彩的角色。狄更斯愛上一個和自己女兒一般大的演員並迅速離婚。據說,這位不懂人情世故的詩人在看到頗具魅力的狄更斯夫人露西時,由衷地讚美了她的美貌,並且把她比喻成《大衛·科波菲爾》中的女主角,這一點讓狄更斯非常惱怒,他擔心安徒生會以一貫的死纏爛打拐走自己的老婆。而且,安徒生在拜訪狄更斯不久以後,在沒有獲得對方許可的前提下就發表了一篇文字優美的遊記《造訪查爾斯·狄更斯》,後者認為自己的隱私被嚴重侵犯。

可憐的安徒生終身也沒有搞清楚個中緣由。當狄更斯 1870 年 7 月去世時,安徒生在日記中寫道:「9 日晚,查爾斯·狄更斯去世了,我是在今晚的報紙上看到的。我們永遠也不會在這個世界上相見和交談了,我再也不會聽到他為什麼不給我回信的解釋了。」

老單身漢也有愛情

關於情場失意的自我總結：金錢與容貌

看風的必不撒種，

望雲的必不收割。

——傳道書 11：4

在一年之前，安徒生還在考慮著由國庫中向作家撥付永久性津貼是否有希望。在寫給亨麗埃特·漢克的信中，安徒生談到，人們不應認為這點俸祿意味著他即將考慮自己的婚姻：「只有每年能得到 1000 銀幣，我才有膽量去愛一個人，而只有每年能得到 1500 銀幣的時候，我才有膽量去結婚；即使能達到一半的水平，年輕的姑娘就會被其他人奪走，而我只能成為一個衰老而枯敗的單身漢。那是多麼可悲的未來啊……我可不想走到那一步。我永遠也不會富有，永遠也無法感到滿足，永遠也不會去戀愛！」

安徒生的焦慮不但來自現實，也來自一些奇怪的邏輯，而這些邏輯的論據並非空穴來風，它們其實是外部世界某些約定俗成的「潛規則」，普通人可以透過一些世俗許可的折中的方式去迎合它們，使自己與之適應。

以婚姻為例，成年人都知道，婚姻不但是男女相契，也是兩個家族的聯姻，雙方都是在一種挑剔的眼光中選擇彼此的，半斤八兩剛剛好。他喜歡「年輕的姑娘」，而和這樣的姑娘聯姻，至少需要一筆數目確定的錢財，而他認為自己永遠也得不到這樣一筆錢，所以，也永遠不會有年輕姑娘來愛他！他把自己放在一個永無止境的焦慮怪圈之中。

老單身漢也有愛情

安徒生像（1866 年 1 月 29 日皇家攝影師喬治 · 漢森攝於哥本哈根）

　　安徒生明白美好的容貌是多麼重要，穩定的收入同樣是多麼重要。他一生為自己的外形和窮困自卑，認為這是自己屢屢失敗的關鍵原因。他多次在日記和書信中說過「由於我長得醜並且將永遠貧窮，誰也不會願意嫁給我」「如果我長得漂亮，或者有錢，又有一小間像樣的辦公室，那我就會結婚成家」等大同小異的話。那麼，他到底有多醜，有多窮呢？

　　安徒生外貌醜陋是他同時代許多人的共識，但也有人持相反看法。著名丹麥演員盧茲維·菲斯特認為，安徒生少年時期長得不太好看，但成年以後漸漸變得漂亮了。丹麥畫家克里斯欽·薩特曼也在他的回憶錄中說安徒生「有一副令人印象深刻的漂亮外表」。

　　由此可見，並不是所有人都認為安徒生醜得不可救藥，特別是當他滔滔不絕、漂亮地朗誦自己的童話時，其魅力甚至還會蓋過國王呢。不過，過分具有自知之明的安徒生先生已經在心裡認定自己醜得無可救藥了。請看他在1844 年創作的自傳性童話《醜小鴨》中的這段描述：

　　「你真是醜得厲害，」野鴨們說，「不過只要你不跟我們族裡任何鴨子結婚，對我們倒也沒什麼大關係。」可憐的小東西！他根本沒有想到什麼結婚，他只希望人家准許他躺在蘆葦裡，喝點沼澤的水就夠了。

蒙恩的童貞：安徒生的秘密花園

第二篇 玫瑰──欲愛和藝術之愛的抉擇

1860年7月，德國攝影師弗朗茲·漢夫斯泰恩格爾在慕尼黑為安徒生拍攝了一組照片，其中有一張特別俊美，安徒生在同年8月寫信給愛德華的妻子亨莉耶特：

我從來沒有見過與我如此相像又如此美貌的我的肖像。對陽光能塑造出這麼美的我的形象，我真是吃驚、驚訝之極。我受寵若驚，但這卻又只是一張相片。您會看到它的。它是我的虛榮心希望能夠流傳到後世的唯一一張肖像。那時，年輕的女士們會說：「他竟然沒有結過婚？」

這些幽默的段子也難掩詩人的黯然和悲涼。看得出來，其實醜陋比窮更讓他揪心。

本照片正是讓安徒生引以為傲的「帥照」。

在金錢問題上，就更是無稽了。安徒生是一個不討評論家喜歡，卻很受市場歡迎的作家。從第一部小說《漫步》開始，他就逐漸有了比較穩定的稿費收入。但是我們必須瞭解的前提是，即使作品暢銷，稿費依然相當有限，因為書本的印刷基數小，而且安徒生的旅遊和漂亮衣服是一筆相當大的開銷，他還是需要「恩人」的救助才能活命。

那時候，一個作家總是有很多位「恩人」。作家透過將自己的作品獻給「恩人」的方式弘揚他們的名聲，而後者則提供經濟支持和舉薦等。在34

歲的時候，腓德烈國王開始為他提供每年 400 元的年薪，這在當時可不是一筆小數目！這至少可以保證他「不必像以前那樣必須為生計而寫作了」！

這筆穩定的年薪對安徒生來說意義非凡，他甚至認為，從這個時候起，他的童年才宣告完結，那無止境的低聲下氣、四處求人終於有了本質上的改變。愛德華繼任其父親擔任皇家基金會祕書以後也長期為他提供穩定的旅費支持。

1844 年，安徒生即將進入不惑之年，正是一個男子最年富力強的時候，他的名氣從歐洲大陸傳回丹麥，所有的人都無法忽視他的存在。他的許多作品以德文、英文、瑞典文和俄文出版。另外還有一部新的童話作品集也出版了，其中包括《小矮人芒德》《跳高者》《紅鞋》《牧羊女和掃煙囪的人》等。這本童話集第一版就印 2000 冊，這在當時是非常大的數目了。

總之，安徒生的名氣在這個時候就已經節節高升了。國王提高了他的年薪，現在這位丹麥的童話作家一年僅國王支付的永久性作家薪金就高達 600 銀幣。在皇家劇院上演的戲劇有一百到兩百元的酬勞，同時，德國出版商和翻譯家都爭相用德文出版這位丹麥作家的作品集。「安徒生」這個名字一時炙手可熱，無論如何，他也不至於因為窮而娶不上老婆。

如果安徒生願意，他還可以弄到更多的錢。喜愛童話的國王非常關心他的文學活動，表示願意為他提供更多的經濟支持，知足的安徒生總是感激國王的美意，表示自己現在壓根不缺錢花。醜陋和貧窮，也許在某種程度上是客觀存在的，但安徒生一生未婚，顯然和這兩個問題關聯不大。

從 25 歲到 38 歲，雖然每隔兩三年他便會愛上一個女人，但是，他對女人的恐懼早在童年時就已深入骨髓，他根本就不可能走入一個正常的婚姻家庭。那些關於容貌、關於金錢的自責，其實是一個注定要成為單身漢的老男人的夢囈。

蒙恩的童貞：安徒生的秘密花園
第二篇 玫瑰——欲愛和藝術之愛的抉擇

《紅無賴》選自《阿斯特麗德・斯坦普的畫冊》

初戀：那一雙棕色的眼睛

　　當時我只有 25 歲，還從沒有真正地談過戀愛。那個時候，我覺得自己還有很多需要去認識的，因此，我對其他任何人幾乎都沒有什麼想法，更不用說有什麼真正的激情了。

　　25 歲時，安徒生遭遇了他生命中的第一次愛情。女主角莉葆·沃依特的哥哥克里斯汀和安徒生是同學，她是菲英島上一個富有的商人——勞里茨·彼得·沃依特的女兒，安徒生在信中把她的父親稱為「島上最富有的男人」。一個美麗的夏天，安徒生來到這個家庭做客，長著一雙溫柔棕色眼睛的妹妹很快讓年輕的詩人燃燒起愛火。

莉葆・沃依特（Riborg Voigt）（1806年—1883年）

這首詩《兩隻棕色的眼睛》可以略窺他當時的心境：

我瞥見一雙棕色的眼睛

那裡就是我的家和我的世界

天才孩童般和平地棲居

它們的記憶在我永不消失

在安徒生的眼中，莉葆可愛如同天使。而在其他人的眼中，這個女孩子卻沒有詩歌盛讚的那般美貌，但是她開朗、樂觀、豁達，也頗有女性魅力。在不久以後的8月份，她和一個森林學大學生正式訂婚了。安徒生在《我的童話人生》中寫道：

那年晚秋，我們再次在哥本哈根相遇。我正計劃開始新的生活，不再寫詩，寫詩能有什麼出息呢？我還得去上學，然後當一名牧師。我心裡想的只有「她」，但等著我的是失望。她愛的是別人，後來跟那人結了婚。只是在許多年以後，我才真正感到並承認，無論對她還是對我，這都是最好的結果。我對她的感情到底有多深，這件事對我的影響到底有多大，或許她一點也不知道。她嫁給了一個好人，她是一個稱職的妻子，一個幸福的母親。願上帝賜福他們。

蒙恩的童貞：安徒生的秘密花園
第二篇 玫瑰——欲愛和藝術之愛的抉擇

安徒生用冷靜而克制的語氣陳述了這樣一個似乎無關痛癢的情況。但事實可能並非如此，至少，初戀對於詩人的影響，並非上述文字那樣簡單。安徒生此時正迷醉於海涅的詩歌，他那天生富於幻想的心靈和弦被這位猶太歌手撥動了。幾乎是不自覺的，他把海涅詩歌中的某些情感體驗移植到自己的現實經驗之中。

1830年10月，安徒生收回了寫給莉葆·沃依特的信箋：「如果你真心愛著另一個人，那麼請寬恕我！寬恕我曾經的魯莽，你一定會把我的唐突當成專橫。真心地祝願你們快樂！忘掉那個永遠也不會忘記你，但卻一直想忘掉你的人。」

3個月後，安徒生寫了一封告別信，在信中，他成為海涅筆下被拋棄拒絕的年輕人：「我永遠也不會再快樂，永遠也不會！請忘記我！不要再讓我回心轉意！你一定會快樂，這是我唯一的希望！祝你生活幸福！也許我會最後一次收到你的信——以後永遠也不會了！不要為我感到悲哀，莉葆！上帝是善良而仁慈的！祝你生活幸福！永遠幸福！」

對這段初戀，還有另外一個版本。安徒生狂熱，盲目，激情澎湃，他在另外一部自傳《真愛讓我如此幸福》中真切地描述了當時的那種情緒：

是的，我的莉葆，愛她愛到瘋狂的程度。我想這個世界上從來沒有一個人像我這樣愛她愛得如此深切。而且我認為莉葆也是傾心於我的！

詩人表示，他甚至願意為了莉葆赴湯蹈火，放棄寫詩，「如果非那樣不可的話」！這的確已經是極其動人的情歌了，即便如此，也沒有打動這個沒見過多少世面的女孩子的芳心。當莉葆的哥哥告訴安徒生她已經訂婚的消息之後，陷入情網的詩人異想天開地希望她離開未婚夫選擇自己，而在此前，並沒有任何情感基礎！

不過，安徒生在不同的自傳中對這段戀情表現出截然相反的態度，本身也讓人心存疑惑：他對莉葆的愛到底是真實的情感流露還是詩人的誇張？相比於後來他對珍妮·林德持久的，長達14年的熱戀，與莉葆的三面之緣似乎沒有太多的情感因子。

然而,「在他死去時,人們驚奇地發現,在他胸前掛著一個小袋,裡面裝著一封已經發黃了的信——莉葆·芙伊格特(莉葆·沃依特)婚前寫給他的最後一封信」。這雙棕色的眼睛始終在詩人的生命裡流光溢彩,直到末了。但是這個舉動依然包含著隱祕的意味,他是在用這位戀愛征途上的第一位女子的信箋來悼念自己的愛情麼?

誠然,她確實是一個災難預告信號,但是,安徒生卻從來沒有因為她毫不留情的拒絕而反思自己急躁、狂熱的求愛方式。他或許也在以此自悔吧——成為老單身漢的原因,或許真的不是因為醜或者太窮了呢!

父輩的女兒們:露易絲和蘇菲

越來越多的資料顯示:安徒生在愛情之路上面臨嚴重的選擇性障礙,換句話說,不是愛情棄絕了他,而是他棄絕了愛情。露易絲和蘇菲,具有相似的意義,她們的容貌、出身、家庭,都是安徒生穩步進入上流社會的保證,而且她們的父親,約納斯·科林與漢斯·奧斯特,對安徒生有著父親般的意義,想進入這樣的家庭,再沒有比聯姻更溫和、優雅、得體的方式了。

這兩個女孩子初見安徒生的時候,都還是坐在他膝上玩耍的小女孩,現在少女初長成,安徒生希望能與她們有更親密的關係。這原本也無可厚非,但是,問題的重點不在於她們最後都拒絕了安徒生,而是安徒生對這兩位貴族小姐的愛情,是他一切情感生涯之中最值得商榷的——他有可能並不愛她們,求愛只是一種試探。

而且,安徒生在愛情方面有一種天然的喜感,他那柏拉圖式的戀愛觀幾乎讓他沉迷於自己和自己談戀愛。他天生敏感又天生樂觀,並擅長自圓其說。很多時候,就像童年那段不幸夭折的「puppy love」一樣,真實在作家的幻想中遭遇篡改,而他自得其樂。

在深受初戀的打擊以後,1831 年 5 月,安徒生開始了自己的國外旅行。像 14 歲那年一樣,他選擇了旅行作為逃離的手段,從此一發而不可收。旅行是非常正確的選擇,不但在短期內讓他脆弱的心靈恢復健康,而且一路的

蒙恩的童貞：安徒生的秘密花園
第二篇 玫瑰——欲愛和藝術之愛的抉擇

見聞都是非常棒的寫作素材。此外，他在國外受到的待遇和評價顯然是國內無法匹敵的。

後來安徒生回國，對科林的二女兒露易絲傾吐了內心的哀傷。露易絲比他小八歲，不但是科林家最漂亮的女孩子，而且性格文靜，溫柔和平。她可以一連好幾個小時聽安徒生吐露心跡和唸詩，久而久之，詩人的內心再度萌發了愛的種子。1832年，他意識到自己愛上了這個可愛的小妹妹。

但是，「這種日益多起來的類似求愛的語言，這種對她來說超出溫暖友誼的要求，終於使審慎細心的露易絲開始感到惶惑不安了」。科林的家庭及時做出了反應，他們切斷了安徒生和露易絲直接來往的機會，所有的信件都要經過大姐的檢查。1833年新年伊始，科林家為露易絲舉行了訂婚禮，對方是一個叫林德的律師。

當然，他們沒有邀請安徒生參加——除了露易絲的訂婚禮、愛德華的婚禮，半個世紀以來，他參與了這個家庭大大小小的一切喪事和喜事。四個月以後，安徒生獲得一筆皇家津貼，開始了長達兩年的國外旅行。就像他自己說的：「旅行就是生活。」

不過，即使安徒生對露易絲的迷戀不是很深，她的拒絕對安徒生來說依然是當頭棒喝。這不是露易絲一個人的拒絕，而是整個科林家族的拒絕——這個「家中之家」或許從來沒有像他期望過的那樣，毫無芥蒂地對他敞開雙臂。不管他取得怎樣的成功，獲得怎樣的榮譽，也始終是一個鞋匠的兒子。

安徒生痛苦地說：「科林家的人誰都沒有想過露易絲和我有可能結合。事情甚至不在於她並不愛我。」

和要求務實的科林不同，奧斯特始終關注安徒生在藝術之路的發展，為安徒生取得的任何進步而高興不已，他認為安徒生「如果不能成為一個詩人，那麼將成為一個傑出的畫家」。他用先知般的洞見預測了安徒生的未來：「《即興詩人》讓你揚名，而童話則讓你不朽。」他非常喜愛安徒生的童話，並希望他能寫一篇關於童話的美學論文，但是「如果這會限制你的創作，就不要寫了」。

這位可敬的長者，在上帝，在浩瀚無垠的星空那裡發現了安徒生身上可貴的童真詩人的天性，一直鼓勵他，安慰他。他給予的父輩般的慈愛不同於科林的嚴苛，安徒生似乎又看到了希望。1838 年，他愛上了奧斯特的女兒蘇菲。

漢斯 · 克里斯欽 · 奧斯特（1777 年— 1851 年）

安徒生知道自己娶蘇菲的希望非常渺茫，根本就沒有向她求婚的打算，甚至一反平時直率的性格，沒有把這段戀情向任何人透露。然而不久以後，蘇菲告訴他自己已經訂婚了。那一天，安徒生在自己的日記裡寫道：「上帝保佑你，我的親愛的，我鍾愛的蘇菲！你永遠也不會知道，如果我有錢的話，那我和你生活在一起是多麼的快活！」

父輩的女兒們，如此明媚，如此鮮妍，但我們的詩人到底愛她們有幾分，確實不好論斷。因為事實是，安徒生從這兩段失意的戀情中恢復得很快。應該說，除了莉葆和珍妮·林德他真正愛過，其他都是「跑龍套的」。

有人認為，安徒生成年後的愛情模式和佛洛伊德的描述相符：選擇一個有主的女人，作為對母親的替代，而無主的女人無法引起他的興趣。雖然伊底帕斯情結對藝術家的人格解析如此重要，但我依然不認同這個觀點。

安徒生是一個全然的即興詩人，他不會在搞清楚眼前的妙人兒是否已經訂婚的前提下才決定愛她。他愛上莉葆的時候並不知道她已經訂婚，珍妮則

是祕密訂婚，而露易絲和蘇菲則是在他求愛之後才訂婚……所以根本無法套用狹隘的「有主」公式。

更何況，雖然母親深刻地影響了他的童年，但他愛慕的對象絕對不是單純以母親作為原型，而是以「雙重母親」作為原型。母親和聖母在某種意義上是共通的，她們本質上的區別僅僅為：一個在人間，一個在天上。從他選擇的確定的擇偶標準來看，聖母所占的比例甚至遠遠高過人間的母親。

一生所愛：夢幻女神珍妮·林德

> 求你將我放在心上如印記，
>
> 帶在你臂上如戳記，
>
> 因為愛情如死之堅強，
>
> 嫉恨如陰間之殘忍。

——雅歌 8：6

珍妮·林德是誰？對這本書來說，她最重要的身份是安徒生的一生摯愛。

1840 年，安徒生在下榻的飯店裡看到「珍妮·林德」這個名字，主動拜訪了她。儘管當時珍妮·林德已經是斯德哥爾摩的頂尖歌唱家，但她給安徒生留下的印象並不深刻，以至於這印象很快就消失了。

直到 1843 年，珍妮·林德來到哥本哈根，並和安徒生成為朋友，在日漸親密的接觸和瞭解中，安徒生發現自己愛上了這位具有演唱天賦的女歌唱家，而且，這一次空前熱烈，空前持久。

安徒生的一生所愛──珍妮‧林德。這張畫像是她送給安徒生的，上題：「賜藝術和宗教予人，是為了指出通往下一世代的道路。」

誠然，林德是美麗的，但安徒生對她的迷戀，顯然不僅僅是外貌，而是某種孩童般的純真和藝術之愛的混合情感。在各種自傳、信件中，他經常把她比喻成孩子，是一個「腼腆的小姑娘」，這意味著林德暗合「聖母瑪利亞」的標準。除此以外，林德的職業是一位站在舞台上引吭高歌的藝術家，在這一點上，不管是莉葆還是露易絲、蘇菲，都望塵莫及。

要知道，成為一位歌唱家曾經是安徒生最初的夢想，並為此付出了相當的代價。迷戀上林德後，他經常想像著自己與她同台演出，並在日記中寫道：

她用德語演唱，無疑我也用同樣的方式朗讀著我的童話；一種熟悉的東西閃現了，但是，正像他們所說的，這正是有意思的地方。

他或許以為，所有的拒絕、哀傷、敵對、漠視、譏諷、痛苦都會透過同樣的一隻藝術之手，傳遞給對方的心靈，並獲得安慰。一切都是讓人興奮的，彷彿自己的等待就是為了她的出現。

他懂得她，高度讚揚了她的表演藝術和人格：「她在哥本哈根的登台為我們的歌劇開闢了一個新紀元，她的表演和人格向我顯示了藝術的全部聖潔，我見到了獻身於維斯塔的貞女之一。」

蒙恩的童貞：安徒生的秘密花園
第二篇 玫瑰──欲愛和藝術之愛的抉擇

對林德，安徒生從不吝惜任何讚美之辭。孩子般的純潔和藝術的神聖，居然可以融為一體並表現在一個女人身上，可能連安徒生自己都覺得太完美，太不可思議了。他可能會覺得這個23歲的女孩子簡直像另外一個自己，有誰不愛自己呢？或許自己是另外一個她。

1846年1月，丹麥的科林看到安徒生寫的一封信，信中他對自己在柏林逗留的這段時間進行了詳細的長篇大段的描寫，尤其是提到，他現在已經與像珍妮·林德這樣的歐洲名人一樣偉大了。「噢！我真是高興死了！我再也控制不住了！我就是明星，一個柏林的明星，男人中的珍妮·林德，我代表著世界潮流！」

這句不經意的話「我就是男人中的珍妮·林德」透露出豐富的心理內涵：安徒生的身體裡確實住著一個女人，一個柔軟、感傷、神經質的女人，她的名字叫阿尼瑪。

榮格認為，在每個男人的心靈深處，都有一種女性的特質，他為之命名「阿尼瑪」。這種特質是所有女性心理形象的化身，諸如曖昧的情感和情緒、預言性的徵兆、對非理性的接納、容忍私人的愛意、對自然的情感等。這種女性特質或許對詩人的文學事業有極大的幫助，但對其他方面的影響，可就不那麼樂觀了。

一般來說，男人的女性特質性格應是被母親塑造的。讓我們再回想一下安徒生的母親安妮，她那賣淫的母親，開妓院的妹妹，飢寒交迫的童年，帶給她太多關於窮苦的烙印，她不可能越過自己的生活環境展示出一個歡樂無憂的母親形象。安妮在安徒生離開後依然靠洗衣度日，兒子幾乎沒有任何接濟，後來她甚至染上酗酒的毛病⋯⋯

她深深地影響了自己的兒子，無論生前還是身後。因此，我們看到，在安徒生身上，從少年時期就被人詬病的「女人氣」從未消失，在40歲的時候，詩人身體裡的「阿尼瑪」終於在另外一個女人身上找到呼應。

所以，安徒生對林德的愛情是如此持久而熾烈，他放肆地把自己的主觀意念外投到這個女人身上，以至於這個女人變成了他的影子。

當時,瑞典作家弗雷德里卡·布萊默也正在狂熱地迷戀珍妮·林德。安徒生在 1843 年 11 月寫給科林夫人的信中,非常贊同布萊默對林德的描寫:「漂亮、天真和難以形容。」布萊默指出,珍妮·林德的「迷人魅力」中具有男女兩種性別特點,而安徒生則引用這位瑞典作家的話說:

此外,她吸引了眾多男人和女人,原因是她的嬌羞、活潑和歡快性格⋯⋯她的整個面龐和身體散發出一種快樂和激情的美。

在《沒有畫的畫冊·第六夜的故事》中,安徒生寫道:

我微笑了一下。因為他的名字上閃耀著一個詩人的榮光。愛倫諾拉·戴斯特的高貴是與達索的名字分不開的。我也知道美麗的玫瑰花朵應該是在什麼地方開的!

戴斯特是當時皇族的一個美麗公主,因與達索交往而得名。這也就是說,所謂「高貴」和「榮華」是暫時的,美只有與藝術結合才能不朽。

那麼,怎樣才能讓美和藝術結合呢?如果林德是美,安徒生當然就是藝術了!更何況,林德本身兼具藝術和美的雙重特質,對安徒生來說真是一個夢寐以求的尤物。可惜,林德並不喜歡這位丹麥作家,除了偶爾牽一下他的手,大部分時候都是非常冷漠的。而林德本人到底有多天真,有多單純,恐怕也是仁者見仁。在不少人眼中,她愛財,世故,除了演唱,藝術家的素養也遠遠不夠。

然而安徒生痴迷已深,他無法自控地愛著她,是自怨自艾,或者決定自斷情絲。「她對我沒有一絲一毫的感情。」「她並不愛我,我能夠感覺這一點。」

1845 年,安徒生在柏林度過了一個孤單的聖誕節,當時他和林德的關係正處於曖昧階段,詩人懷著說不清楚的忐忑和期盼拒絕了所有人的邀請,以為林德會來邀請自己,哪怕是出於禮貌。在這個隆重的節日裡,他只想和她一起,但是林德顯然沒把他當回事。

結果可想而知,詩人哀怨而憤怒地在日記中寫道:「她曾經充滿了我的整個胸膛,但現在我不會再愛她了!在柏林,她已經用冰冷的刀子割斷了血

蒙恩的童貞：安徒生的秘密花園
第二篇 玫瑰——欲愛和藝術之愛的抉擇

肉！我奇怪，既然她對我毫不關心，那麼她在想些什麼呢？我來柏林，主要是為她而來的。」

其實，在安徒生第二次在哥本哈根見到林德的時候，她已經和瑞典男高音歌唱家尤利烏斯·京特祕密訂婚了。安徒生其實扮演了一個傻瓜的角色。之後，林德嫁給了美國鋼琴家奧托·戈爾德施密特，自始至終，對於這個憂傷、深情而敏感的男人，她沒有一丁點的愛慕之情。

安徒生在自傳《真愛讓我如此幸福》裡講了這樣一個情節：

而我總想表達出一個意思：我愛你！可是我始終沒有說出這句話。每當接近這危險的地方，珍妮就把話題引開了。

「你一定是恨我的？」有一次我忘記了她託辦的一件事，事後我這樣半開玩笑地問她。而珍妮用一種沉思的目光盯著我看。

「不，」她慢慢地回答，「我可不能恨你，要恨，就得先愛。」我閉上眼睛咀嚼這句話。她不愛我？是的！——暫時還不愛！不過，我相信自己對她的一片忠心最終還是會感動她的！要知道，我們之間有多少共同之處啊。她還能在哪找到一個知道她的心的，這樣欣賞她的性格和才華的人？

這個例子說明珍妮·林德不但從未對他動情，而且也再次驗證了上文的觀點：安徒生之所以如此愛林德，部分原因是因為他覺得林德和自己太像了，像得幾乎是自己的影子，像得讓他不相信林德會找到一個比自己更與她相契的男人。

無論林德反應如何，這段單相思確實為安徒生的浪漫史添上了濃墨重彩的一筆。至少，珍妮·林德是《我的童話人生》裡占據篇幅最長的一個女性。她對安徒生的意義，以下幾句話可以說明了：「從珍妮·林德那裡我才算瞭解了藝術的聖潔，從她那裡我懂得，為了更加高尚的事業，我們應該忘記自己！沒有哪一本書，沒有哪一個人能比珍妮·林德對我，作為一個詩人，有過更好、更加高貴的影響。」

即使當安徒生已經成為一個糟老頭，在他納哈文的住所也依稀可以看到這位女歌唱家在詩人心中留下的微弱的痕跡：客廳的一角放著安徒生自己的

半身像，另一角則放著珍妮·林德的半身像。他後來雖然沒有再與林德聯繫過，但仍然對她滿懷敬意，正如他曾經常說的：「我在用一個兄長的全部靈魂熱愛著她。」

安徒生式精神戀愛之心理學溯源

天使般的女孩：「雙重母親」之人間印象

我只喜歡和小女孩在一起。我至今仍然記得一個 8 歲的漂亮小女孩吻我的情形，她對我說，要做我的心上人。我非常開心，所以總是願意讓她親我，儘管我從未主動吻過她。除了這個小女孩之外，我從來沒有讓任何一個女性吻過我。

一般情況下，我對年紀超過 20 歲的女孩總會有一種難以名狀的反感，和她們在一起，我真的會發抖。我甚至用這樣一個詞來形容我討厭接觸的所有東西——「變態」。

安徒生雖然一直保持著童男之身，但從他的日記和書信中留下的訊息來看，他似乎很喜歡小女孩。詩人似乎在用自己純潔無瑕的舉動讓我們邪惡的現代人不懷好意地猜度文字之下隱藏的真相。到底是個什麼狀況？他的自傳裡還記述了這樣一件事：

安徒生非常喜愛的小女孩瑪利亞不幸死去了。安徒生覺得，小女孩彷彿成了一個大人。「我再也沒有見過比她更美的天使了，她那些對我們這個世界來說非常孩子氣的話依然在我耳際縈回。」幾歲時的一天，她要去洗澡，我開玩笑地說：「我可以和你一塊去麼？」「不可以，」她回答說，「因為我還很小，不過，等我長大了，就可以了。」

這個小小的插曲讓人心酸又讓人懷疑。安徒生記錄這段有趣對話的動機難道是因為他是一個戀童癖？尤其是打著「童話王子」（安徒生很喜歡以此自稱）的旗號，簡直欺世盜名，無恥之極！

童年的安徒生曾經被一個裸體的瘋女人嚇破了膽，女人的肉體一定讓他深受刺激。醜陋、衰老、突出的肉慾器官，似乎有指向死亡的意味；而那所

蒙恩的童貞：安徒生的秘密花園
第二篇 玫瑰——欲愛和藝術之愛的抉擇

狹小的屋子，也有可能讓他經歷了「父母交媾場面引起的實際性激動刺激」（佛洛伊德語），這些不良的早期生活經驗，讓他在成年後的對象選擇上不斷受阻。

他似乎愛女人，又似乎愛男人，如今看來，他竟然還對所謂的「性感少女」大感興趣，實在令人吃驚。

但是，安徒生是一位確鑿無疑的君子。雖然有著洶湧的情感，但是不管是本人還是在他的作品中，表現出來的，永遠只是顫抖的嘴唇和禮節性的擁抱。對他而言，喜愛漂亮的小女孩和喜愛可愛的少女本質上是一樣的。她們的身上，都有著天使般的純潔無瑕的品質，同時，與人間的肉慾相對。

1831 年，他親眼欣賞到拉斐爾的名畫——《西斯廷聖母》。這幅畫掛在位於德勒斯登中部的茨溫格宮內的走廊中。在這裡，安徒生懷著虔敬的心瞻仰了聖母瑪利亞，這張美麗的臉龐對於他來說，有著「孩童般純潔的神聖」。

在安徒生第一次來德勒斯登的時候，有一天，他曾經長久地站在拉斐爾的作品前。他在後來的日記中寫道，人們真正應該崇拜和膜拜的，並非是畫在帆布上的油畫，而是「我們用肉眼所看到的軀體所放射出的精神」。

聖誕樹裝飾物

聖母瑪利亞身上，集中體現著安徒生高度認可的致美——「孩童般純潔的神聖」。無疑，漂亮的小女孩和可愛的少女，都具有某種天真未鑿的孩子氣，看來安徒生不但喜歡天使的容貌，也喜歡天使的身材，他從來都不會去描繪和欣賞一個姑娘的「玲瓏曲線」。

安徒生傾慕的幾位女性，不但年紀輕，而且容貌也有類似的特點：柔和，乖巧，不諳世事，氣質也比較空靈。尤其是珍妮·林德，這位瑞典夜鶯的容貌儼然和那副《西斯廷聖母》的主人翁有幾分相似，也難怪安徒生對她一直無法忘情。同時，她也是安徒生愛慕時間最長的女性。

而在他的作品中所流露的審美情趣，也和作家本人保持高度一致。最美的女主角都是天真的，稚氣的，身體完全沒有發育或者沒有曲線，她們長著一雙看不見的翅膀，在作家的世界裡飛啊飄啊。

不但喜歡的對像要天真無邪，安徒生同樣對自己的天真無邪敝帚自珍。在 1832 年的自傳中，安徒生談到了與同齡的朋友卡爾·巴格爾和弗里茨·珀蒂之間的討論。安徒生說，他認為年輕人在這方面的行為是可以原諒的，然後又補充道：「但另一方面，我一直蔑視那種輕浮的女性，以至於我依然一塵不染，依然如此的天真。」

童話照進現實：兄妹愛情模式新篇章

安徒生喜歡讓自己愛慕的女子做自己的妹妹，而自己就是名副其實的哥哥。這種又安全又親密的關係讓他非常受用，一輩子都甘之如飴。

他首先表示想要做乖乖女露易絲的哥哥。安徒生在 1832 年 10 月曾經在信件中對露易絲說：「你能夠引導著我，主宰著我！」此外，他又進一步請求她：「也做我的妹妹吧，我一直信任著你，請賜給我勇氣吧！」一個月之後，安徒生又提出了更深一步的感情要求：「……賜予我比其他人更多的東西吧，做我的妹妹，成為那個能給我以目標，為我指明通向成功和榮譽之路的人吧。」

蒙恩的童貞：安徒生的秘密花園
第二篇 玫瑰──欲愛和藝術之愛的抉擇

《阿斯特麗德在家嗎？》這幅瓶貼畫展示的正是一對容貌可愛的兄妹在玩耍。

追求露易絲未果以後，安徒生依然自視為科林家的孩子，和他們保持著密切聯繫。若干年後，出於對這個家族無可解釋的迷戀，安徒生再度喜歡上科林家的一個女孩子——那個女孩名叫喬娜，是英吉伯格·科林（那個很討厭安徒生的科林家的大小姐）的女兒。

1844年1月，安徒生發現自己有點喜歡上這個漂亮的16歲少女，他開始給她寫信：「我親愛的、尊敬的喬娜！你不能明白你在我的思想裡占據了多大空間，不明白我有多麼喜歡你，不明白你離我的心有多近！你必須永遠地相信我，就當我是你忠實的長兄！」

當他1844年夏在德國旅行，聽說喬娜已經和自己喜歡的一個年輕人亨利克斯丹普在丹麥祕密訂婚時，不知道是伯父還是哥哥的詩人在日記中寫道：「上週宣布了訂婚。這是一個謊言。」

不過，他更合格的身份是做珍妮·林德的哥哥。在他第二次見到林德時，就一直對她懷著「兄長般的關愛」，但聰明的林德「以彼之道，還施彼身」，讓安徒生只能一輩子老老實實地做哥哥了。

在為珍妮·林德舉辦的一次送別聚會上，東道主伯農維爾致辭，宣稱所有的丹麥人都希望成為她的哥哥，那麼這些人都將會是主人的孩子了！聰明的

林德面對諸多的求愛者：「那樣的話就太多了。」說完，她提出了一個請求：「我更願意挑選你們中的一個，代表他們做我的哥哥。你，安徒生，願意做我的哥哥麼？」這樣含蓄的拒絕實在夠漂亮，看上去幾乎像是一種恭維。而始終循規蹈矩的安徒生哥哥從此更是細心地呵護著妹妹。儘管，他已知，她永遠不會屬於他。

珍妮·林德是安徒生愛慕時間最長也是他愛情征途的最後一位女性。他總是習慣匆匆愛上然後草草收場，但珍妮·林德對他的意義確實非同凡響，她曾經強烈而持久地占據了他的整個心靈，長達14年。

以童話而言，名篇《夜鶯》就是對她的歌頌，《白雪皇后》是對戀人兄妹之愛的禮讚，《柳樹下的夢》和《老單身漢的睡帽》也是對這段無望愛情的回顧，他以感傷而真切的筆觸描寫了兄妹之愛的凋零。

《柳樹下的夢》中，主人翁克努德是一個貧苦人家的孩子，但是他很幸福，因為他有一個青梅竹馬的玩伴——可愛的喬安娜。他們一起玩耍，一起聽著美麗的童話長大。慢慢地，克努德對喬安娜產生了深深的眷戀。可是不久以後，小姑娘卻隨家人搬走了。克努德對她的思念之情並沒有減退，反而愈演愈烈，當他再次見到她的時候，她已經是一個頗有名氣的歌劇明星了。克努德站在台下，望著昔日的小戀人，心中百感交集：她那麼美麗，那麼耀眼，而自己卻如此卑微平凡，幾乎不配擁有她。

但他卻如此愛她！毫無懸念，喬安娜和一位門戶相當的公子訂婚了。即使心力交瘁，克努德還是去了他們婚禮的現場。不過，從此以後，克努德幾乎再也沒有生存下去的勇氣了——他準備徒步走回家鄉，走啊走，終於在一棵柳樹下睡著了。

這是一首悲情的抒情詩，在這個苦盼愛情的失戀者的精神世界中，始終存活著他所愛戀的人。因而當他帶著少男少女時產生的美好情感面對被戀人遺忘的現實時，他的夢中出現的仍是兒時喬安娜的身影和昔日的美好時光。

為了能挽留棄他而去的心上人喬安娜，看到他們的婚禮和他們的故鄉，他寧可不醒，寧可就這樣在冰天雪地裡夢下去，終於凍死在老柳樹下。克努德雖然死了，但那個夢境卻使他感到這是他「生命中最甜蜜的一個時刻」。

據說《白雪皇后》的故事是為了那位讓安徒生傾慕一生的女性——珍妮·林德所寫的。

在故事裡，小小的吉爾達和凱就是一對可愛的，沒有血緣關係的兄妹，他們在成長中自然而然地產生了愛情。童話結尾，兩個小朋友也長成了少男少女，但是他們依然擁有一顆天真的童心。《白雪皇后》無論在章節構架、故事編排、人物形象的描畫上都非常出彩，也是安徒生本人非常喜愛的故事之一。

安徒生之所以選擇兄妹關係的戀愛模式，可能是出於以下幾個原因的考慮：

其一，在基督教裡，大家都是弟兄姐妹，理當彼此相愛；

其二，這種後天的兄妹之情多少蘊含著一些複雜的情愫，不是愛侶勝愛侶，而且可進可退，靈活多變。

殊不知，正是這種看似毫無破綻的兄妹關係，很有可能制約了他在情路上的進一步發展。說到底，還是恐懼，對女人的恐懼。他把所有的女孩子都打扮成天真無邪的小妹妹形象，不願意面對她們生命中生而有之的肉慾。其實，遠在尚未接近這些青春萌動的女孩之前，他就已經全然失去了她們。

與愛德華、魏瑪大公等男性之間的友情

塵土仍歸於地，靈仍歸於賜靈的上帝。

——傳道書 12：7

安徒生身上，充滿了矛盾，就連他的傳記作者也常常困惑不已。現在要提到的是他身上的同性戀情結。

當然，和戀童癖一樣，同性戀也是一個臨床醫學上的專業術語，它只是一種粗糙的表述，完全不能深入到獨立個體的心靈去尋幽探勝。

安徒生有太多的怪癖，但又始終單純，絕對無害，他的存在情態彷彿是為了打破一切世俗規則而表現出來的。不知道這是否是一個傑出的浪漫主義基督徒具有的特殊品質，總之，他讓言說困難。

有越來越多的證據表明：在具有創造力的人身上特別容易流露出女性氣質，而這種氣質又成為其同性戀情結的緣起。

安徒生喜歡的男人比喜歡的女人還多，持續時間更長，也更熾烈。在諸多他所愛慕的男人中，愛德華‧科林明亮如天上星辰，永遠保持在固定方位且可望而不可即。

在約納斯科林的5個兒女中，愛德華與安徒生的關係極為特殊。1832年，安徒生在給朋友的信中這樣說：「我又認識了許多人，但我還是非常想念哥本哈根，這只是因為有科林一家！露易絲在戈特利布省的日德蘭半島，其他人都去了鄉下，但最重要的是，愛德華也在家。」

雖然妹妹也是安徒生傾心的對象，但看來哥哥的重要性遠在妹妹之上。「我們的友誼就是奇蹟，是一種神奇的產物。」安徒生在1830年的一封信中曾經這樣說過。他們之間超乎尋常的友誼不但表現在互不相讓的500封往來信件中，而且，半個世紀的悠長時光也為此作證。

一開始，愛德華對闖入自己家庭的安徒生並不友好，他經常在安徒生面前擺出一副倨傲的姿態，毫不留情、無所顧忌地批評後者的作品，但後來，情況無疑頗有改觀。1827年，愛德華聽從父親的安排作為安徒生的臨時拉丁文教師，到後期，他還擔任安徒生審美和財務方面的顧問。在安徒生由草根上升為上層社會名流的過程中，愛德華的功勞不容小覷，他是重要的引渡者。

安徒生情感外露，敏感而容易受傷；愛德華則具備內斂剛毅等任何一個時代都公認的男性的美德。他們以迥然相異的性格力量影響著對方。安徒生試圖一次次地向這個比自己小三歲的男人表達自己的友情：「我們有一個共

蒙恩的童貞：安徒生的秘密花園
第二篇 玫瑰——欲愛和藝術之愛的抉擇

同的父親。我們生活在一個屋簷下，那就是上帝璀璨的星空。既然我們都渴望著一個共同的目標，為什麼還要彼此冷漠？」

在愛德華剛剛訂婚不久，安徒生寫了這樣一封信：「哦，親愛的，親愛的愛德華，我是多麼愛你，我真不知道怎麼恰如其分地表達我心中的感受，但我堅信，任何言語對於這種至深之愛都是蒼白無力的！但是在字裡行間，在我現在寫給你的最後這封信裡，我可以告訴你我心中的一切。當我們面對面站在一起的時候，如果我用這種方式向你表達我的感受，會讓我感到侷促不安。」

對於愛德華來說，正如他在自己的書中對安徒生所描寫的那樣，在任何情況下，他都沒有想過要和安徒生建立起一種「自作多情、庸俗不堪的關係」。儘管愛德華在他們相處的43年裡一直拒絕用丹麥語中不正式的「du」來稱呼安徒生，而用較為正式的「de」。但這一點顯然不能僅僅作為歧視或者其他心理動機來理解。

需要注意的是，在接下來因為「du」和「de」的稱呼而爭論不休的一年裡，愛德華·科林並沒有以任何清晰或具有決定性的方式讓自己疏遠安徒生的挑逗。經歷了短時間的平息之後，兩個好友之間的敏感友誼再一次踏上了前進的軌道。

事實上，愛德華·科林的沉默和被動讓他那永不滿足的朋友迸發了一絲新的希望，正如愛德華在信中對安徒生的問候：「現在已經晚了，我認為現在該是停下的時候了。但首先我還是要向你表達一個朋友之情的問候，親愛的安徒生。我知道你也會以這樣的友情永遠想念著我。」

愛德華並不是對安徒生沒有好感，他們從少年時代開始，就處於一種比較良性的明爭暗鬥之中，詩歌和音樂是他們最喜愛的體裁。在科林的家庭聚會中，他們經常拿出最得意的詩歌或者歌曲進行比拚，這種關係是很容易讓人惺惺相惜的，更別提安徒生那總是含情脈脈的、永不停歇的信件。

愛德華早就意識到了安徒生對於丹麥，對於歷史的意義，而他作為安徒生的密友，一定逃不過專家們的細細研究——他從來不打算讓自己捲入其中。但對於安徒生而言，這份從少年時就結下的不解之緣延續了終身。

19 世紀 60 年代，年事已高的安徒生給愛德華·科林的妻子寫了一封信，信中重申了他們之間一生的友誼。安徒生在信中說：「他還像當初一樣，仍然是我親愛的朋友，那時的他在我眼裡，還是高貴富庶的科林家的一個兒子，而我則是那個窮困潦倒的安徒生，那個被你們每個人呼之即來、隨意嘲弄的安徒生。」

眾所周知，安徒生與魏瑪大公卡爾·亞歷山大一直過往甚密。1844 年 6 月 24 日，安徒生第一次抵達心中的聖地——魏瑪，這是歌德和席勒的故鄉。美麗的城堡和英俊的王子用自己的全部熱情歡迎了詩人，安徒生真是受寵若驚，此後一直頻繁地往返於魏瑪和哥本哈根，比燕子還勤快。安徒生在日記中說：「上帝的方式真是奇怪！我不能完全離開丹麥，但想時常在魏瑪待上幾天，與親愛的住在一起。我真的非常愛他！」

但在魏瑪的時候他也沒忘了愛德華：「我親愛的愛德華！這個我用『de』稱呼的人，那是一段非常深厚的友誼，與我的感覺完全相反。你甚至想打破常規！我現在已經離開魏瑪。我親愛的魏瑪，這是地球上一個讓我感到如此快樂的地方！噢，親愛的愛德華，我是如此快樂，對歌德和席勒的故鄉如此嚮往，從心底裡覺得我必須從上帝那裡拿一些值得帶回國的東西。」「這彷彿是一個美麗的夢想，我想像著一會住在哥本哈根，一會住在魏瑪，可以見到我在丹麥的朋友，我的愛德華和亨利克，親愛的西奧多·科林，但無疑，我這是在做夢！」

以往，安徒生總是作為開始一段感情的主動方，但這次，崇尚精神戀愛的魏瑪大公成為誘惑者，他在信中對安徒生說：「你應該進入我的靈魂中，就像是印度教逝去的靈魂一樣。」這句話很容易解讀成希望兩人在精神上融為一體的暗示。兩個男人的通信數量高達 170 封，也算是非常難得的友情了。

這種同性之間的友誼總是讓後人浮想聯翩，讓我們來看看當時的時代背景：

蒙恩的童貞：安徒生的秘密花園
第二篇 玫瑰——欲愛和藝術之愛的抉擇

男人之間的性關係在法律上仍然是禁止的。在早期人類的歷史中，尤其是宗教改革運動期間，一旦涉及這種行為，就會以「冒犯自然」的名義被斬首或燒死在火刑柱上。1683 年，隨著克里斯欽五世時期《丹麥法》的頒布，雖然沒有減輕這種罪行的懲罰，但是也沒有做出更嚴厲或更特別的規定。這部法律專門涉及人和動物、兩個男人之間的性行為，並對此明確做出了禁止性規定，正如法律條款所寫：「一個物體在另一個物體內出現射精現象。」

18 世紀，法律的執行權在一定程度上轉交給教堂，於是，口若懸河的牧師，還要承擔起平息在教區內人和任何動物之間發生的特殊行為的謠言。他們常常不得不發下毒誓，或是動輒以上帝的懲戒相威脅，唯一目的不過是避免讓更多的人意識到這些罪惡和羞恥的存在。

不管是愛德華還是魏瑪大公等其他同性朋友，安徒生對他們始終熱愛並滿懷尊敬，但從未有過上帝憎惡的苟且之事。不過，他們之間到底是何等的情慾，除了當事人，誰也沒辦法給出一個事實上完全正確的解答。他們短暫地和安徒生維持了一段時間的敏感關係，然後便因為訂婚和結婚而消失在這段友誼之外，留下的是這個單身漢和他那邋遢的睡帽。

「每一個人都在訂婚！愛德華·科林和他的杰特很滿意。我經常拜訪杰特的家，看到這對快樂幸福的夫妻。我是那麼的可笑，但我卻無法控制自己。每當我聽到某個人已經訂婚的消息，就陷入痛苦當中！儘管上帝知道，對於每一個離開我的人，我都付出了比別人更多的愛。」

今天，我們普遍把同性戀看作一種病態和無能，還有對自身性別認知的模糊不清。創造型人格似乎同樣適用於這個原則，只不過他們另有一套心理機制加以適應。佛洛伊德本人也面臨同樣的難題，他發現了自己天性中的女性方面，並且對好友弗萊斯產生了一種「難以控制的同性戀的感情」。

在《拒斥死亡》中，恩斯特曾指出：「那真正天賦的、自由的精神，試圖繞過天性作為繁殖的家庭。」由此出發，唯一合乎邏輯的是：如果這位天才嚴格遵守自因投射，他就會反對一個大誘惑，即繞過女人及其自身肉體的物種角色。

可以假定這位天才做了如下推理：我的生存並非是為了物種利益而被人當作生理性的繁殖工具；我的個性如此的完整和不可分割，以至於我的肉體也包含到我的自因投射中了。那麼，這位天才可以努力與那些有天賦的年輕人交往，在心靈上繁殖自己，根據他們的形象創造他們，把自己天才的靈性傳遞到他們身上——這無異於從心靈到肉體竭力精確地複製自己。

由此看來，天生的柔弱不是致命的缺陷，而是真正的力量。也難怪，那些體格強健而性慾旺盛的人，總是甘之如飴地承擔著物種繁衍的角色，他們的意義在物種繁衍的過程中得以完成，所以再也不需要其他的意義。

聖徒的恩賜：在禁慾中得勝

因為有生來是閹人，也有被人閹的，並有為天國的緣故自閹的。這話誰能領受，就可以領受。

——馬太福音 19：12

迄今為止，沒有任何資料顯示安徒生曾經和他人（任何男人或女人）發生過性關係。研究者都趨向於這樣一種猜測——極有可能——他終身保留了童貞。

我認為，安徒生本質上是一位藝術家，而藝術和性的關係一直曖昧不清。在大多數情況下，藝術家需要性經驗的強烈刺激才能有所創作。在佛洛伊德看來，甚至藝術活動本身也是性慾得不到滿足的昇華。「禁慾的藝術家簡直就不可想像。」安徒生可能原先只打算婚前禁慾，因為一直沒有結成婚，只得終身禁慾。他突破了佛洛伊德想像的極限。

我也曾懷疑過安徒生是否有某些不可告人的生理疾病，但最後還是否決了這個猜想。

1834 年初，他在日記中寫到參觀畫家艾伯特·庫池勒畫室的經過：

我正坐著，一個約莫 16 歲的年輕模特兒跟她媽媽一塊到了，庫池勒說他想看看她的乳房。那女孩因我在場而稍顯侷促，但她媽媽說：「磨蹭什麼，磨蹭什麼！」隨即便解開她的衣服，盡數扯到腰部以下。她站在那，半裸著，

蒙恩的童貞：安徒生的秘密花園

第二篇 玫瑰——欲愛和藝術之愛的抉擇

皮膚很黑，手臂也有些過於細弱，但那乳房美麗，圓潤……我感到自己的身體在震顫。

快30歲時，他去義大利旅行，期間寫道：「我熱血沸騰，頭痛，血湧進我的眼睛，一種從未有過的激情驅使我走出門外——我不知自己要去哪，但是我……坐在海邊的一塊石頭上，漲潮了，紅色的火焰沿維蘇威奔流而下。我往回走時，兩個男人跟了上來，問我要不要女人。『不，不要！』我大喊，然而回家一頭扎進了水裡。」

相比自傳的作者們喜歡文飾的通病，我更願意相信日記的真實性。安徒生不是無能，而是在非常辛苦地壓抑自己。

由此我們也更加確定，他對每一段愛情都是認真的，他想讓對方成為自己的妻子，然後合法占有她。當他還是一個毛頭小子的時候，這個願望就已經非常堅定了。1830年8月4日，25歲的安徒生在日記中寫道：「全能的上帝啊！我只有你，你駕馭著我的命運，我忠實於你！給我結果！給我一個新娘！我的血液需要愛情，就像我的心需要它一樣！」請注意是新娘而不是戀人。只有合法的妻子才是上帝所恩賜的，沒有賜予之前，他必須永遠等待。

婚前性行為是《聖經》嚴令禁止的。摩西十誡明文規定「不可犯姦淫」，而婚前性行為在姦淫罪中首當其衝。安徒生以一個聖潔的基督徒的模樣，以孩子對父親的全部信心，嚴格遵守律法，希望自己快快找到那位合神心意的新娘。

他大學畢業時已經25歲，保守估計，從22歲起，他開始了自己的禁慾生涯。佛洛伊德又開始嘮叨：「讓一個青年男子過了二十多歲仍然禁慾，就再也談不上什麼益處了。即使他不陷入心理疾病，也會染上其他毛病。」和普通人不一樣，安徒生的心理長期處於「幼態延續」狀態，我認為他的「性器期」來臨較晚。但是，從他愈演愈烈的精神疾病症狀來看，禁慾確實更大程度地折損了他的魅力。

「努力禁慾的結果，反而會使特有的執拗性和反抗性充分展示出來……有些極端的例子，他們比一般人的性慾壓制要成功得多，但是這種人往往會

走得太遠，結果會帶來一些意想不到的惡果⋯⋯那些年輕時實行徹底禁慾的男子，將來必定不會是個好丈夫。女人們模糊地瞭解了這一點，所以在追求她們的男人中，反而挑上那些已在別的女人身上證明有男子漢氣概的人。」

安徒生從小就不喜歡與男孩在一塊玩耍，由於他容易害羞，經常被當作姑娘戲弄，童年的創傷經歷又讓他終身保留著一種傻乎乎的孩子氣⋯⋯這確實是一個令人糾結的問題：有女人氣，有孩子氣，就是沒有英雄氣！如果他的外形稍微好看一些，如果他的身材再矮一些，再文弱一些，配上他軟綿綿的文人氣質，應該是不難討女人喜歡的，尤其是現在，描眼線畫唇膏的「小男人」遠比「大丈夫」吃香。可是請看看這奇特的組合！一百八十八公分的大個子，天然帶著苦相的面龐，居然是一副女兒家的性子！實在不知道哪種類型的女子才適合他。

而他還一直維持著高標準的擇偶條件，活生生把自己從大齡未婚拖到了終身未婚！這一點也正是需要討論的內容。

首先涉及性道德問題。在文明的第三發展期，要求男女在婚前必須禁慾，唯有婚姻才能帶來合法的性生活，正式夫妻以外的任何性行為都會受到嚴苛制止。那些未能結婚的人如安徒生，只能獨處終身。

雖然投身於寫作這種高級的文化活動部分地昇華了禁慾帶來的焦慮，但是我們也必須看到，正是因為長期禁慾，安徒生陷入了更嚴重的心理疾病，這又反過來進一步增加他的病態以至於最終無人問津。

第二，禁慾的替代物也帶來不良後果。禁慾分為兩種，即禁止一切性活動的禁慾和僅僅禁止和異性性交的活動。安徒生應該是屬於後一種，另外，他和男性朋友之間的特殊友情也並沒有流於下作。

由此可以大致做出這樣一種假設，安徒生不得不依靠手淫這樣一種兒童早期自淫方式來替代性滿足。佛洛伊德認為：「伴隨這種行為而來的種種不切實際的幻想，往往使他對性對象的選擇標準大大提高，以至於在現實世界中再也找不到一個令人滿意的女孩。」

蒙恩的童貞：安徒生的秘密花園
第二篇 玫瑰——欲愛和藝術之愛的抉擇

第三，禁慾意味著第二次閹割，就像耶穌所說的——為天國自閹。安徒生成為了那個為天國自閹的人，他得到的祝福在天上，為了天國永恆的喜樂而放棄了人間短暫的肉體之娛。一切都是無意識的，他從沒考慮過透過降低對性對象的要求而終止自己的禁慾生涯。

作為一個男性，終身沒有獲得過愛情，不能不說是一種遺憾，但是禁慾讓童貞永存，讓天上的福祉透過他來顯現，這是只有聖徒才配得到的恩賜。

安徒生雖然能夠得到女人的同情和憐愛，但女人聰明地從一種無法言喻的生物本能出發，自覺排除了他成為自己伴侶的可能。人間旅途漫長而艱辛，屬天的榮耀卻豐盛且隆重，上帝時時憐恤，處處看顧，不斷賜福於自己的愛子：當他一次次被人間拋棄，上帝卻一次次把他從人群中高舉。

作為一個基督徒，安徒生令人肅然起敬。他努力遵守上帝的律法，嚴格要求自己，儘量過著聖徒般潔淨的生活。而正因為他不是聖徒，那些暗流湧動的情慾的掙扎，才顯得如此真實可貴。我們無法想像，對於一個靠繆斯的青睞才得以生存的藝術家，在其漫長的藝術生涯中，需要花費多少時間和精力才能控制最原初的衝動……

但是，我們依然看到，上帝的恩典如同《舊約》，他賜予了安徒生一顆不朽的童心——再也不是幼態延續，再也不是童言無忌，他是天國花園裡的王子，不為人間的任何一個女人，而是為人間所有的孩子而生。

第三篇 無名的墓碑——「雖然我行過死蔭的幽谷」

　　除了雛菊和玫瑰，安徒生的祕密花園裡還矗立著一塊無名的墓碑，墓碑上刻著斑駁的花紋，卻沒有名字，彷彿它的存在是為了祭奠眾生——再嬌豔的花朵也會死亡，死亡讓天真和甜蜜憂傷。

　　我們的詩人在上帝的愛裡發現了兒童精神，又在孩子們無邪的笑靨裡發現了上帝，透過一種隱祕的追尋，他發現死亡——人們避之不及的死亡居然是一條如此柔軟、如此自然的通道，它的名字叫「蟲道」，孩子們自由地透過「蟲道」並發現了上帝。

　　在安徒生的童話中，死亡是出現頻率最高的意象之一，也正是因為這一點使安徒生迥異於其他童話作家。死亡雖然寬闊無邊，但上帝的愛卻具體可感。可以說，安徒生成功地讓孩子們透過死亡認識了上帝。為了表達類似的主題，他處理死亡的方式一般極其唯美，充滿流動的詩意及想像的美感，如《小意達的花》《安琪兒》《雛菊》等。

　　一朵花的凋零和一個孩子的夭亡，在安徒生心中引發的痛惜之情是不言而喻的，然而，故事表現出來的，只是淡淡的憂傷，甚至那憂傷也不成其為憂傷，竟只是幾分花開花落的惆悵罷了。因為永恆的天國的榮耀賜予了這些逝去的生命，不管我們窮盡怎樣的想像，一朵玫瑰最好的結局永遠是被夾放在一本《聖詩集》裡；而一個不幸死去的孩子，最好的結局無疑是被天使帶到天國裡去，然後再成為一位天使。

　　每一個在童話裡死去的可愛的生物，都以自己的方式榮耀上帝。

童話詩人的誕生

太陽頭、集體無意識和童話詩人

> 理性中的合理性是真，意志中的合理性是善，幻想中的合理性是美。
>
> ——漢斯·奧斯特

安徒生的剪紙作品中，有一副鼎鼎有名，它已經被位於奧登斯的安徒生博物館注冊為標識，剪紙的題目叫「太陽頭」。

一個男人的臉，周身是鋸齒狀的光芒，簡單、粗獷，有一種熱氣騰騰的陽剛之美，看上去很像是一位來自太古的神祇。我相信，它跟那些我無緣一見的、安徒生的祖父創作的雕刻作品，一定有某種深刻的內在關聯——一個杳遠的卻永不消失的記憶，關於太陽崇拜。

在榮格的著作中，有一個病例被他反覆提及。一天，醫院裡一位妄想狂型精神分裂的患者把榮格帶到窗前，指著太陽告訴他說，自己如果半閉著眼睛看太陽，就會看見太陽的生殖器；自己如果晃動腦袋，太陽的生殖器也會晃動。最後，這位患者得出結論說，這是風的原因。

榮格開頭不以為意，直到數年後，當他偶然讀到作家阿爾布雷特·迪特瑞奇的著作，裡面記載著一段與上述病人的幻覺極為相似的幻象：「同樣是這個軟管，統帥著風。因此，你會看到，太陽的輪箍下垂掛著一個軟管的東西。」

《太陽頭》（安徒生剪紙作品），安徒生博物館將這張剪紙作為標籤。

榮格於是得出結論：在人的精神世界存在著一個神話創造層面，它不僅為精神病人和正常人所共有，也為不同時代和不同文化的人所共有。榮格將這一深層精神命名為「集體無意識」。

學者們認為，榮格所界定的「集體無意識」實際上是指存在於人類心靈底層的，普遍共同的人類本能和經驗遺存。這種遺存既包括生物學意義上的遺傳，也包括了文化歷史上的積澱，它們以原型的構成存在著，表現為原始意象，而這正是神話（包括童話）的起源。

先來看看何為童話，「童話」這個詞本身是舶來品，據說是從日本引進的，原指家庭、幼稚園和學校對兒童講的故事。英文翻譯一般為「fairy tales」，意為小仙子、小精靈的故事。其類型主要分為兩種：一類是深受人們歡迎而口頭流傳下來的童話故事，稱為民間童話；另外一類則是作家根據民間童話改編或者獨立創作的作品。很顯然，安徒生的作品屬於後者，這正是他勝過格林兄弟的原因。當他取得巨大聲響以後，評論者也說安徒生童話「彌補了格林童話在想像力上的不足」。

一定是剪紙帶來的魔幻效果讓安徒生按捺不住自己的童心！1835年春天，安徒生開始進行童話題材的創作，這些作品後來被歸入到一本作品集裡《講給孩子們聽的童話故事》。這個標題是一種自衛手段，防止給那些博學的評論家留下口實，因為他們瞧不起這種自然的、口語化的敘述方式。但是，安徒生的本意其實是：它應該是同時給孩子和大人的。

1835年1月，安徒生在寫給亨麗埃特·漢克的信中說，他馬上準備出版幾個針對孩子們的童話故事：「我告訴你吧，我希望用自己的作品贏得下一代的喜愛。」一個月之後，安徒生又致信他非常信任的老朋友英吉曼，對這本作品集非常樂觀：「我已經創作了幾篇『講給孩子們聽的童話故事』，我認為目前的進展非常順利。我已經出版了一些自己小時候喜歡的童話，但我認為這些童話並沒有得到普及。我在創作這些故事的時候，就如同自己正在給一個孩子講這些童話，我的讀者便是我眼前的這個孩子。」安徒生還說：「我相信，在這些故事中，我已經再明確不過地表明什麼是天真爛漫。」

蒙恩的童貞：安徒生的秘密花園
第三篇 無名的墓碑——「雖然我行過死蔭的幽谷」

《評論家》選自《阿斯特麗德・斯坦普的畫冊》

　　安徒生開闢了一種娓娓道來的言說方式，彷彿讀者就是在聽他講故事的小朋友。介於這種言說方式和一種顛覆性的對兒童精神的表達，他也隱隱約約預感到可能的負面評價。在童話《小意達的花》中，那位滿腦子奇思怪想的大學生正是安徒生自己：

　　「居然把這樣的怪想法灌進孩子的腦子裡去！」一位怪討厭的樞密顧問官說。他這時恰恰來拜訪，坐在一個沙發上。他不太喜歡這個學生，當他一看到這個學生剪出一些滑稽好笑的圖案時，他就要發牢騷。這些圖案有時代表一個人吊在絞架上，手裡捧著一顆心，表示他曾偷過許多人的心；有時剪的是一個老巫婆，把自己的丈夫放在自己的鼻樑上，自己騎著一把掃帚飛行。這位樞密顧問官看不慣這類的東西，所以他常常喜歡說剛才那樣的話：「居然把這樣的怪想法灌進孩子的腦子裡去！全是些沒有道理的幻想！」

　　《講給孩子們聽的童話故事》第 1 卷於 1835 年 5 月正式出版，第 2 卷在同年 12 月面世。安徒生希望這套包括《拇指姑娘》《頑皮的孩子》和《旅伴》等故事在內的故事集能成為聖誕節最暢銷的禮物。但結果是，安徒生得到的評價是一邊倒，評論家們普遍認為已經取得一點成就的詩人退回去創作

幼稚無聊的東西了。在此之前，他曾因《即興詩人》等幾部暢銷小說而聲名大噪。

看看他們的評價吧！這個人的評價很能代表大多數評論家們的想法，他說：「這些童話會讓孩子覺得有趣，但根本不可能讓孩子從中得到任何教益。」這位評論家還認為，《豌豆公主》不僅在文筆上不夠優雅，而且在道德上也是站不住腳的：「不僅不夠精緻，而且，孩子可能從而得出錯誤的看法：一位高貴婦女的皮膚竟然嬌嫩得這麼可怕。這是不能原諒的。」

這位評論家其實指出了很重要的一點：除了言說的方式，安徒生童話最初受到攻擊的主要緣由正是對傳統道德的反叛——以一種孩子氣的戲謔和無法無天。花兒們盡情跳舞，狂歡至死；士兵在老巫婆的指引下把打火匣騙到手以後，「一下子就把她的頭砍掉了」；愚蠢的大克勞斯在小克勞斯的哄騙下，不但殺掉了自己的祖母，而且還丟掉了性命。

但是我們應該看到：花兒們的狂歡正是對生命的禮讚——它們的時間本來就所剩不多；至於「殺」這種表達，也沒我們想像的那麼可怕。佛洛伊德在分析兒童早期心理時指出：「殺」和「死」在兒童語言中，不管是主動還是被動，都僅僅表示「除掉」之意，事實上是全然無害的。

隨著外界對安徒生童話故事的反應更加強烈，以至於他不得不等了整整一年才出版第 3 卷故事集。這套故事集包括了兩個非常重要的童話故事：《小美人魚》和《國王的新衣》。在書中名為《致成年讀者》的前言中，作家對外界對其作品的批評做出了響應，他似乎做好了背水一戰的準備：「很多人的評論都是我極為重視的。有些人讚揚這些作品是我所有創作中最出色的，但另一些人卻認為這些童話故事毫無意義，並勸我不要再繼續寫下去了。這種存在著天壤之別的評價，以及官方評論對這些作品的視而不見，他們對此採用了『顯而易見的漠視』態度，這嚴重削弱了我繼續創作這類文學作品的願望。這就是為什麼我用了一年的時間才開始創作第 3 卷的原因。在一個像丹麥這樣的小國家裡，作家永遠只能做窮人，榮譽是他所追求的唯一的金戒指。至於我能否藉助這些童話故事抓住這個金戒指，我們還需要拭目以待。」

蒙恩的童貞：安徒生的秘密花園
第三篇 無名的墓碑──「雖然我行過死蔭的幽谷」

批評家兼作家克里斯汀·穆爾貝奇對安徒生的上述童話故事以及另一本名為《1835年送給孩子們的聖誕禮物》的童話故事集進行了評論。正如我們在先前提到的那樣，穆爾貝奇是當時的童話作品高產作家之一。

在聖誕節期間，他出版了根據丹麥及外國童話故事改編的幼兒故事集和詩選。在這本出版於1835年聖誕節的書中，在極其乏味的前言中，作者像說悄悄話一樣對他的年輕讀者們說，如果他們喜歡這些故事，就一定要提醒父母，他們馬上就會看到另一本童話集，這本書肯定會在下一個聖誕節出版。

這顯然是一種讓兒童來資助作家的觀點，而安徒生的童話故事恰恰堅決地抵制這種觀點。這就是安徒生的童話故事為什麼會遭到這些評論家無情的抨擊的原因。在1835年聖誕節期間，評論家們專門對這兩本童話故事進行了比較，最終的結果是：與安徒生那種「試圖藉助一種更生動，但卻更雜亂無章的口語敘事方式」相比，穆爾貝奇這種直白而簡單的敘述風格更適合於兒童，也有利於兒童。

但是這種同行相輕的嘲諷很快就變得無力了。正是這篇《小美人魚》，後來受到特別的重視，「以至於後來我的童話成了每年的聖誕樹上不可缺少的東西了」。

19世紀30年代，安徒生對於丹麥文學界批評家們的聲討採取了回絕的態度，他繼續平靜地創作著自己所鍾愛的童話故事，儘管他在當時還沒有清晰地認識到，這正是一種給他的將來帶來輝煌與榮耀的文學流派。

由於童話故事一直只是附屬於小說、詩歌和戲劇等藝術形式之外的選擇，因此，直到1840年之前，在他所出版的童話故事中，依然存在相當程度的謹慎和疑慮。在1840年到1841年期間，漢斯·克里斯汀·安徒生在開始近東旅行之前，創作了17篇相互獨立的童話故事。

與隨後的幾十年相比，這只是一個相當有限的數字。在接下來的數十年中，安徒生的童話已經成型並自成一體，丹麥評論家們的指責似乎已經變得軟弱無力，他的童話故事一路高歌地跨越哥本哈根的城牆，飛越丹麥的疆界，直達歐洲的中心。

童話詩人的誕生

中歐人似乎對這個丹麥年輕人的即興創作能力有著更多的理解力，同時也更感興趣。在他所創作的詩詞、小說、遊記、戲劇和童話故事中，充滿了浪漫人性觀的印記。

兒童對安徒生的藝術表達如此重要，以至於幾乎被放到了上帝的高度，而兒童和基督本來就是一體啊。因為只有他們，和像他們一樣的人，才能最終到天國裡去。兩者互相輝映，成為安徒生文學作品中最動人的元素：兒童精神和基督徒的幽默。在詩歌《凡塔瑟斯》中，詩人訴說了兒童帶給自己的感動：

我自己就是一個孩子，我更願意和孩子們在一起玩耍，他們最能瞭解我那魔幻的世界；無論是在小木屋，還是在城堡，他們最能體會我的內心世界，我有著如此令人驚嘆的財富。我們不知道生活的艱辛和悲傷，對於我們來說，小木屋的角落便是騎士的城堡，哪怕只是一根棍子，也會變成勇敢而高貴的戰馬，小燕子則是城堡的頭號歌唱家。

感謝奧登斯淳樸的自然風光和古老的傳說，感謝那一脈相傳的夢幻般的直覺，感謝詩人的天性，安徒生在孩子的異彩世界裡找到自我，並將自己交付給他們。從很早開始，他的寫作就完全聽由上帝的安排，他談論到自己的文學創作時說：「這次我是在讓上帝來照管一切……這次我不會寫一個字，直到這個字自己出現，幾乎是逼著我寫下去！」也因此才有了那句著名的禱告：「主啊，請不要讓我寫下一個不能讚美你的字吧！」

雖然我不喜歡以任何「主義」來禁錮安徒生豐富的生命體驗和文學表現，但無疑，當他選擇了童話這種當時看來不入流的文學體裁進行創作之時，也就表明了自己的身份。本質上，他確實屬於「浪漫主義」這個派系。只有浪漫主義才永不厭棄對愛情和童真的眷戀；只有浪漫主義才把兒童這種默默無語的客體升為至高；只有浪漫主義才把孩子的天性作為取之不盡、用之不竭的靈感源泉。

蒙恩的童貞：安徒生的秘密花園
第三篇 無名的墓碑——「雖然我行過死蔭的幽谷」

《花人》，1848年安徒生送給植物學家朗厄的剪紙作品，充滿奇特的想象。

在1800年前後，我們發現，浪漫主義作家正在對孩子產生越來越濃厚的興趣，其中包括布萊克、赫德、歌德、席勒、諾瓦利斯、尚保羅、華茲華斯、柯勒律治、雨果、蒂克和狄更斯等人。這種關注常常會呈現出這樣充滿敬仰和被神祕色彩所籠罩的形式，以至於我們可以稱之為「對兒童生活的膜拜」。這種迷戀產生了一種新的寫作類型，它更多的是關注兒童夢幻般的思維狀態及其生活的田園特色，而不是兒童的心理特徵及其社會狀況。

例如，在弗利德里希·席勒的作品中，我們可以在令這位德國作家如痴如醉的「天真」概念中，發現一種近乎培養英雄式的願望。兒童和兒童生活已經成為衡量真正的藝術和真正的藝術家的標尺。這一點在席勒的經典名著《天真與傷感》中體現得尤為明顯。

在書中，作家用這樣的語言把藝術天才和兒童天性之間的關係推到極致：「真正的天才一定是天真的，否則就不是天才。」在歌德的著作中，我們可以發現50種針對兒童的不同描述，但是，這些描述基本上還是一個理想化的模型或是哲學類型的概念。

這些描寫似乎有些膚淺或流於俗套，因為兒童在作品中的角色，更多的還是為了把作家與科學家放在二元精神實質論的傳統軌跡上，這也是歌德作

品的主要指導原則。大體上在歌德和席勒的作品中，兒童角色大多是匿名的，或是抽象的。

在對兒童的心理特徵和舉止言行的刻畫方面，任何一位浪漫主義前輩都會對安徒生甘拜下風——他們認識到兒童精神的可貴，毫不猶豫地選擇了兒童為自己的文學主張代言，但是，他們依然徘徊在兒童世界之外，因為他們從來不曾俯下身段，去傾聽那些天真的言笑。

而安徒生呢，他不但願意傾聽，而且他本人就是一個孩子啊，童話真是最妥帖的選擇。不久，當安徒生帶著他迷人的童話周遊世界時，所有的人——大人和孩子、男孩和女孩都被深深地迷住了。大人在童話裡發現了兒童，兒童在童話裡發現了自己。

他們天真、勇敢、無畏，任何時刻都不介意表達自己的看法——這種表達如此真實，以至於讓這個習慣於各種人格謊言的世界幾乎要顫慄了！

「但是他什麼也沒穿啊！」當赤身裸體的國王穿著「新衣服」招搖過市的時候，小男孩在瞠目結舌的成人中這樣說。於是，人群一齊叫著：「但是他什麼也沒穿啊！」這就是兒童精神的力量。

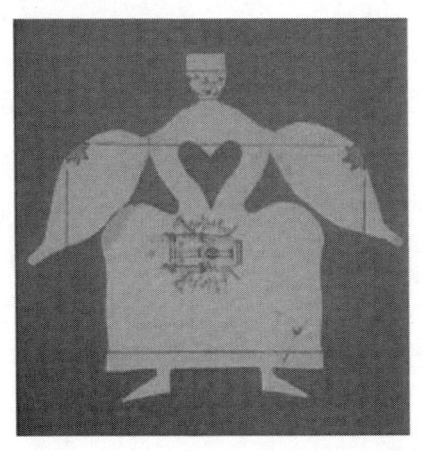

《有翅膀的紅桃皇后》，讓作品是安徒生用一張音樂會節目單剪出來的，其上的豎琴清晰可見。

而時代也在尋覓這樣的一種文學體裁。那時候，許多國外的童話先後傳入丹麥，知名度最高的就是德國格林兄弟的《格林童話》，他們收集和出版了大量的民間故事，並以一種直白的方式重述了這些民間故事，同樣也引起了巨大的關注，但他們依然是民間童話的老路子。

安徒生卻用自己天賦的想像力、對兒童的熱愛和深刻的洞察，開闢了一條文學童話的路徑，雖然在安徒生之前也出現過可以歸類為「文學童話」的作品，但安徒生以其卓越的貢獻被視為「文學童話」真正的開拓者。這離不開丹麥豐富的文學營養供給！正是在古老的丹麥民間故事與傳說、神話、寓言和諺語中，安徒生不斷地為自己的童話故事尋找素材。

1846 年，邁伊爾博士在《當代年鑑》上發表了一篇文學批評——《安徒生和他的作品》，文章說：「安徒生童話的完美展示填補了浪漫主義文學童話和格林兄弟再現的民間童話之間的空隙。」安徒生不但善於創作童話，而且也擅長「故事新編」，遑論情節如何，僅僅是那些口吐人言的小傢伙就已經很讓人著迷了。小老鼠、母雞、癩蛤蟆、貓、火雞等，它們在安徒生的童話中「形散而神不散」，最終形象卻表現出高度的一致。

此外，很多大名鼎鼎的作家、詩人都表示非常喜愛安徒生作品中出現的鸛鳥。這些形象異彩繽紛，閃耀著詩意的細節；而在那些被注入了新意的傳統民間故事如《野天鵝》中，詩人的天才就更讓我們嘆服了。

19 世紀 20 年代，安徒生生逢其時，他正處在浪漫主義文學的中心，這種時代的思潮為童話故事的滋生提供了一塊沃土。整個歐洲在 19 世紀初都對童話故事產生了非常濃厚的興趣。童話故事被人們視為一種「異類」的藝術形式，海貝格夫人、尼爾森夫人、羅森·基爾德和頗受歡迎的路德維格·菲斯特等著名演員，都曾經在精英薈萃的場合朗讀童話故事。後來，安徒生的作品甚至成為他們的一部分保留節目。

哥本哈根的活靶子

下流人在世人中升高，就有惡人到處遊行。

——詩篇 12：8

在相當長的一段時間內，安徒生延續了少年時期在文法學校念書的那種狀態——評論家們像梅思林校長一樣，喜歡用嘲笑作為對他的教育手段，而他那天生醜小鴨的模樣，更容易讓人產生惡作劇的快感。

所以，可憐的他做了活靶子好多年。他初出茅廬的時候，是一個不折不扣的幸運兒，文壇大哥大海貝格對他的一手提拔，讓他一飛沖天。可惜好景不長，很快，苛刻的評論家們對他的詩歌、遊記、戲劇、童話等文學作品進行了持續不斷的抨擊。

他們孜孜不倦，樂在其中，終於讓這種行為成為 19 世紀三四十年代丹麥文壇一道亮麗的風景線。當然，作為一個公眾人物，適當的抨擊有助於其健康成長，不過，如果上升到人身攻擊就很惡劣了。

有一次，一個老學究正在大放厥詞，將一篇安徒生的詩歌批評得一無是處——旁邊的小女孩忽然說：「這一首詩歌中有個『和』字您還沒批評呢！」老學究被這童真的語言羞得滿面通紅。

安徒生在遊記裡描述紐倫堡的時候，為了讓風格有點變化，他說：「如果我是一位畫家……那我就要畫這座橋，這座塔。」接著，他為了讓上下文銜接，就繼續：「但是，我不是畫家，我是詩人。」白痴的評論家們這樣說：「看他多虛榮，居然說自己是一個詩人！」

安徒生在自己的童話《天上落下的一片葉子》中，藉牧豬人的身份調侃了自己當年的窘況：

「你不知道！」大家齊聲說，「啊，愚蠢啊！蠢啊！你是多麼偉大啊！」

牧豬人聽到這話可能感到非常難過，因為這是專講給他一個人聽的。

這樣毫不負責的評論讓一向寬容的安徒生都無法忍受：「這樣的評論實在太荒謬，簡直是胡說八道，讓你不是受到傷害，而是讓你，即便你是最平

蒙恩的童貞：安徒生的秘密花園
第三篇 無名的墓碑——「雖然我行過死蔭的幽谷」

和的人，也想動手打幾下那條跑進客廳就要找個好地方躺下的渾身是水的狗。從我開始出道到今天，我不得不聽的蠢話和恬不知恥的語言多得簡直可以寫一本《蠢話大全》。」

比蠢話更讓詩人痛苦的，就是人身攻擊。

為逃避國內的攻擊，安徒生申請到一筆旅行獎學金去國外旅行。在巴黎逗留期間，他非常期待家鄉的消息，幾乎每天都去郵局詢問是否有他的信件。有一天，終於來了一封信，「一封很厚的欠資信，花錢不少，但它厚得可愛」。

但是打開後並沒有手寫的信件，是《哥本哈根郵報》刊登的一篇針對他的諷刺文章，裡面說安徒生的作品「讓多少杯茶變成了尿」。「你也不懂德國話，也不懂丹麥語，你知道的英國話就更少；你開口講起了法國話，巴黎人還以為你說的是孟加拉語……」安徒生憤怒了！「它欠著郵資，跋涉千里從哥本哈根來到巴黎。這是我得到的丹麥對我的第一個問候。我呆呆地站著，被震撼了，內心十分悲傷，這是血腥的惡毒！」

安徒生在自傳中曾談到這樣一件事：

有一次，國王克里斯欽八世御駕劇院。當天，恰逢安徒生的新劇《白黑人混血兒》上演，國王向他點頭致意，而當時安徒生身邊坐著大雕塑家曹瓦爾森，他生怕國王是在對這位大人物致敬，自己如果理解錯誤、表錯情會成為更多人的笑柄，因此他裝作什麼都不知道。

第二天國王問他為什麼不接受自己的慶賀，安徒生才敢確認國王真的是在對自己致賀。幾天後，國王要舉行一個盛大的舞會，再次邀請了他。

「你去那裡幹什麼呢？」一位受人尊敬的老科學家問道。「在那個圈子裡我大概最受歡迎吧。」安徒生開玩笑地回答。「可是那不是你該去的地方！」他生氣地說。「國王本人在劇院裡就從他的包廂向我致意，所以我也可以參加這樣盛大的舞會！」「即使這樣也不意味著給你權利讓你從那冒出來！」「我是大學生，我所屬於的這個階層都可以參加這樣的舞會！」老先生讓他舉例說明，安徒生說了一個名字後，先生叫了起來：「他可是一位國務參事的兒子呀，你的父親是什麼人？」

安徒生悲憤交加，叫道：「我的父親是個鞋匠！我仰仗上帝，靠自己掙得了目前的地位，我認為，你應該尊重！」

可是那位先生一直沒有道歉。

1847年9月，那時安徒生已經是一位獲得廣泛讚譽的著名作家，皇室貴族爭先邀約的對象。當結束歐洲之旅回到哥本哈根的時候，沒有料到等待他的卻是陰毒的嘲諷。

在他旅行期間，《科薩倫》雜誌刊登了一篇名為《名人安徒生》的文章，嘲諷他當時在歐洲的戰利品和結交的新朋友。在這本雜誌的畫片上，安徒生被一群女人簇擁著，頭頂月桂花環，胸戴騎士徽章，可笑至極。很快有人發表評論說，這是在提醒安徒生，他只是個「繼赫茲和海貝格之後的三流作家」。

可是攻擊並沒有完結，在他回家之後，這一切愈演愈烈。那天，他從窗戶裡看見考更斯和尼托里。這兩個衣著華麗的貴族停在街上，指著他的窗戶叫著：「看到了嗎，那就是世上最著名的猩猩！」

例子不勝枚舉，不管付出什麼樣的努力，他在別人的眼中也不過是一個出生在養鴨場的醜小鴨，一個永遠低人一等的大猩猩。他變得越來越失望，也越來越脆弱，看到那些毫不留情的批評文章，甚至會情緒失控到哭出聲來，除了用人世間的榮譽和名聲來堵上他們的嘴，他還有什麼法子呢？

正如在童話故事《一枚銀幣》中，一枚貨真價實的銀幣流落到國外，卻仍被當作一枚假幣，它的自怨自艾簡直是安徒生的心聲！「我是一枚多麼可憐的銀幣啊！如果我的銀子、我的價值、我的官印都沒有用處，那麼它們對於我又有什麼意義呢？在世人的眼中，人們認為你有價值才算有價值。我本來是沒有罪的，因為我的外表對我不利，就顯得有罪，於是我就不得不在罪惡的道路上偷偷摸摸地爬來爬去。我因此而感到心中不安，這真是可怕！──每次當我被拿出來的時候，一想起世人望著我的那些眼睛，我就顫慄起來，因為我知道我將會被當作一個騙子和假貨被退回去，被扔到桌子上。」

蒙恩的童貞：安徒生的秘密花園
第三篇 無名的墓碑——「雖然我行過死蔭的幽谷」

這一枚銀幣甚至被人打上孔，讓人一看就知道它是假貨，不至於受到矇騙。毫無疑問，安徒生的出身就是打在他身上的孔，他永遠處在眾目睽睽的焦點，萬分難堪卻無所遁形。事實的真相在於：銀幣本身是真是假根本無關緊要；只要人們願意認可它，讚歎它，銀幣就一定是銀幣，否則「一切都是虛空，一切都是捕風」。由此，我們才可以理解為什麼安徒生一直如此依戀這張無形的「人學之網」，他已經隱隱約約地知道——只有在人際關係的攀附中，他才能獲得自己想要的成功。

《書籤》這一枚書籤上的題字耐人尋味，安徒生親筆：「這個書籤，我注意到是安徒生所製。」

多年來，在安徒生的生命中，旅行一直和寫作一樣重要。他總是不斷地旅行，除了排遣各種攻擊帶來的鬱悶，逃避失意的愛情，更重要的理由是尋找素材和拜訪更多的名人。1843年至1847年，安徒生在國外的時間與在國內的一樣多。1845年至1846年，他在國外待了幾乎整整一年，期間他見到了亞歷山大·仲馬（大仲馬）、巴爾扎克、維克多·雨果、海涅、雅各·格林和威廉·格林兄弟、卡爾·瑪麗亞·馮·韋伯、羅伯特·舒曼和克拉拉·舒曼、法蘭茲·李斯特、費利克斯·孟德爾頌、亞歷山大·馮·洪堡德、班傑明·迪斯雷利、查爾斯·狄更斯以及眾多國王、王妃、大公、伯爵、男爵，這些引領了時代話語權的人們大多都願意和他建立緊密聯繫，有的甚至成為他的贊助人。

同時，他非常希望別人能認出自己。有一次在國外旅行的時候，他看到自己的作品和畫像，便問老闆畫像中的人是否像安徒生本人，討論來討論去，最終店主還是沒發現和自己談話的就是作家本人。

又有一次，安徒生陪一個小女孩玩耍，小女孩非常喜歡他，並把自己的玩具——娃娃交到他手上。當安徒生離開的時候，為了和小女孩道別，他吻了手中的娃娃，並對她的父母說：「當她能看懂我的童話時，我已經不在人世了。告訴她我是誰，希望她能記住這個美妙的時刻。」

這兩個例子流露出一種濃烈的意圖，即對此岸不朽的嚮往。「我覬覦榮譽如同守財奴覬覦錢財。」確實一點也不錯。

基督徒的幽默

哭有時，笑有時；

哀慟有時，跳舞有時。

——傳道書3：4

在安徒生50歲時，在他的全集行將出版之際，《丹麥月刊》登了一篇非常有份量的文章——格里姆爾·湯姆森對安徒生作品發表的文學批評，為作家的幽默感驗明正身。

文章說：「童話是對表象和實質，對外殼和內核的一種輕快的評判，裡面流淌著兩股溪流：一股是明流，它拿大大小小的事情開玩笑，拿上上下下的人當羽毛球玩，把他們推來搡去；一股是暗流，它有讓一切事物『各歸其主』的深沉和嚴肅。這是真正的幽默，基督教徒的幽默。」

安徒生認為自己天生具有幽默感，在少年時代本來就已經很引人注目，但由於文法學校長達六年的枷鎖，讓他一直沒有發揮的餘地。直到進入文壇之後，他的作品和為人無不透露出基督徒特有的幽默感，令人莞爾。這種幽默非常可貴，在很多時候，安徒生用幽默感來自我解嘲——這同樣是一種防禦手段。詩人在國內受到的打擊太多了，而他又那麼敏感！

蒙恩的童貞：安徒生的秘密花園
第三篇 無名的墓碑——「雖然我行過死蔭的幽谷」

　　1844年，海貝格被任命為皇家劇院的審美法官，這意味著他對所有提交上來的劇本都掌握著生殺大權，而在當時，劇作家們只有在戲劇上演後才能獲得稿費。像以往一樣，海貝格對安徒生的童話劇《幸運的花》表示不喜，他拒絕了這個劇本。在經過痛苦的自我反思以後，安徒生開始匿名遞交劇本，包括《國王在做夢》《新產房》。

　　這兩個劇本受到海貝格和觀眾的熱烈好評，尤其是後者，獲得了巨大的成功。有一天，安徒生去劇院主任那裡詢問《幸運的花》的下落，主任對他說：「這部戲雖然也有點意思，但人們並不能從中得到什麼好處。你能不能寫出一部像《新產房》那樣的？算了，那完全在你的能力之外，你沒有那種情趣！」「沒有，很遺憾，我沒有那種情趣！」安徒生回答說，他的沉默讓《新產房》的作者在相當長的一段時間內成為一個祕密。

隨景寫意

　　幽默是安徒生對一切尖銳的批評和人身攻擊做出的最隱忍的還擊。有一天，他實在忍無可忍，寫了一篇批評「作家安徒生先生」的文章，文章非常殘忍，不但包括那些被重複了無數次的、毫不留情的意見，還增加了一些新內容。安徒生認為，如果有人真為自己好，一定會出來提意見。然後，他去奧斯特家裡當著許多人的面朗誦了這篇「無恥批評」。奧斯特說：「這人對

安徒生太狠了，但是，我想，文章裡倒真有幾點很中肯。這表明他很瞭解你！」「是的，」安徒生老實地回答說，「因為這是我寫的！」

可敬的長輩奧斯特是第一個發現安徒生具有幽默感的人，並要他珍惜這種財富。不過，其實早在1829年，安徒生在出版自己的第一部小說時就已經能自如地運用幽默的天分了。在《1828—1829年從霍爾門運河到邁厄格島東端的徒步之旅》的最後幾章中，安徒生讓第一人稱的講述者「我」抵達了旅行的邊界——邁厄格島的東端。他想從那裡繼續穿越索爾瑟姆島，但在水邊遇到了一條代表評論家的醜陋人魚。

人魚的頭髮裡插著幾支鵝毛筆，尾巴則是由舊書的書脊做成的。他告訴「我」說，一個人永遠也不應該踰越自己所寫的書的界限。「你已經把你的書命名為《到邁厄格島東端的徒步之旅》，」這個人魚大叫道，「你現在竟敢繼續往前走！」這確實是對當時的美學衛士的公開挑釁，但莞爾一笑的評論家們，對此並沒太多抱怨，反而一派溢美之詞。

評論家們大都是德高望重的同行長輩，雖然安徒生的出身對於一些保守清高的上層人士來說算是一根不大不小的「刺」，但總的來說，很多還是為他好的。在童話《沒有畫的畫冊》中，第13個故事很有點意思：

「他是一位天才，你說對不對？」「是的，大家都是這麼叫喊，」那位詩人說，「不過他寫得有點狂。只是標點符號還說明他有點才氣！」「假如我們斥責他一通，使他發點火，對於他是有好處的，不然他總會以為他了不起。」「可是這不近人情！」第四位大聲說，「我們不要在一些小錯誤上做文章吧，我們應該對於他的優點感到高興，而他的優點也很多。他的成就超過了他的同行。」「天老爺啊！假如他是這樣一位真正的天才，他就應該能受得住尖銳的批評。私下稱讚他的人夠多了，我們不要把他的頭腦弄暈吧！」

這番對話有一個強烈的信號：我已經知道各位苦口婆心的好意了，不過，請高抬貴手吧。在此後漫長的歲月中，隨著安徒生在歐洲大陸的聲譽如日中天，他在國內也得到更多的認可。幽默感似乎更接近其本質，列舉幾個安徒生童話中的經典例子：

蒙恩的童貞：安徒生的秘密花園

第三篇 無名的墓碑——「雖然我行過死蔭的幽谷」

　　天黑的時候，他（醜小鴨）來到一個簡陋的農家小屋。它是那麼殘破，甚至不知道應該向哪一邊倒才好——因此它也就沒有倒。

——《醜小鴨》

　　陀螺向球吹噓自己高貴的出身。球問：「我能相信麼？」陀螺回答說：「如果我撒謊，那麼願上帝不叫人來抽我！」

——《戀人》

　　夢神帶著哈爾馬去參加兩個玩偶舉辦的一場婚禮。儀式結束後，他們開始接受禮品，不過他們拒絕接受任何食物，因為他們打算以愛情為食糧而生活下去。

——《夢神》

　　一個晚上，小意達的玩偶蘇菲變成了花兒舞會的局外人。於是，她在抽屜上坐了下來，她以為一定會有一朵花兒來請她跳舞的，可是什麼花兒也沒有來。因此她就故意咳嗽：「哼！哼！哼！」然而還是沒有花兒來請她。

——《小意達的花》

　　當天上落下的一片花瓣長成一株美麗奇異的植物，因為它的與眾不同備受嘲笑，牧豬人把它砍掉當柴火燒掉了，但有人告知國王，這株來自天國的植物具有神奇的療效，哪怕僅僅是它的一片葉子！國王親自去視察後感嘆道：「那棵植物曾經在這生長過！這是一塊神聖的地方！」於是這塊地的周圍就豎起了一道金欄杆，有一個哨兵日夜在這站崗。

——《天上落下的一片葉子》

　　每當我無意間瞥見了這樣的妙語，總是忍不住發出《夜鶯》中老宮女們的感嘆：「這種逗人愛的撒嬌我簡直沒有看過！」「各歸其主」確實是絕妙的評價，這是基督徒才有的幽默，那是對世界萬物本性的一種體認，一種詳察，一種瞭然於心的知覺。仔細閱讀安徒生的作品，你會發現他的幽默無所不在，而且絕對不是插科打諢的玩笑話。

它們自然、輕靈，有無限的解讀空間，如同蝴蝶的翅膀或者湖心的波光；但它們又是如此嚴肅認真，有時甚至表現得如同一個遠古的寓言。這讓我們回憶起安徒生最本質的身份——自然之子，只有身在樹木、花朵、星空、雨雪以及萬物的中央，才有這般的天然妙悟。也只有此刻，心中的一點靈犀，才會被無時不在的聖靈感動。

被藝術之手觸摸的人

不為人知的造型藝術家

你不覺得安徒生的童話很美麼？他肯定也畫插畫呢。

——文森特·梵谷 1882 年 10 月致騎士安東·凡拉帕德

安徒生離開人世的時候（1875 年），梵谷 22 歲左右。那時，他在「森特伯伯」的關照下，有一份還算體面的工作，但由於行事乖張，不精於業務，在這一年被上司調離古皮爾倫敦分公司，派往巴黎總部。此後，梵谷日益失去工作興趣。與之呼應的是，他對宗教和藝術的熱情卻空前高漲，在巴黎期間遍訪各派教堂和藝術博物館。終其一生，梵谷從來未曾看到過安徒生的任何美術作品，卻先後 13 次在日記和信件中提到他，甚至認為他天生具有「藝術家的心靈」。

蒙恩的童貞：安徒生的秘密花園

第三篇 無名的墓碑——「雖然我行過死蔭的幽谷」

人形風磨（安徒生剪紙作品）

　　就像那些敏感多疑的動物一樣，藝術家以動物般的直覺發現了人群中的另一個自己。安徒生擅長以文字描摹自然風物之美，賦予了作品「如畫」的美感。同時，那些美麗童話指向的基督情懷，無疑更為梵谷喜愛。在苦難天使的眼裡，一切藝術形式都是互通的，且不足為奇。他們天賦的使命在於：透過一切可能的藝術形式，把人們牽引至神的腳下。

　　2005 年，三聯書店出版了一本林樺先生編著的《安徒生剪影》，裡面集中收錄了安徒生一生重要的剪紙和繪畫作品。人形風車磨坊、太陽頭、蝴蝶上的女舞蹈家，還有許多造型極為繁複的宮殿、屏風、聖誕樹裝飾物等，風格大膽、怪誕、趣致，顯示出安徒生這位藝術家驚人的想像力和傑出的造型成就。

　　是的，安徒生不但會畫畫，而且還會剪紙。奧斯特在早年就這樣評價過安徒生：「如果他不能成為一名作家，那麼，他極有可能成為一名畫家。」

　　如今，安徒生的美術作品保留下來的有 70 幅鉛筆畫，250 幅鋼筆畫，1100 多幅剪紙、拼貼和墨跡圖形。這一切可能只是一部分存世的作品。他的紙雕作品僅存一件，就是製作於 19 世紀 60 年代的《搖椅》。他僅存的一幅布貼畫《文藝復興戲服》，原本應有一些他自製的布質玩偶為佐證，可惜現

在也無跡可尋了。畢竟，安徒生的作品大多是纖纖弱質，而專家在 20 世紀 60 年代才開始集中發現他的美術作品。

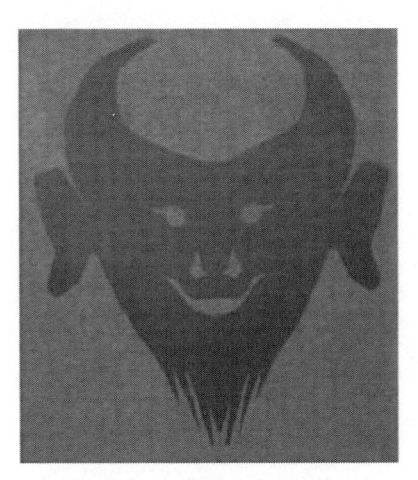

魔鬼面具（安徒生剪紙作品）

當時，許多藝術家都是中產階級和貴族的座上賓，因為後者是前者的「恩人」，可以在必要的時候為前者提供贊助和各種形式的支持。安徒生很樂意在這些家庭裡施展他的才華。

安徒生從中年開始就是王公貴族的寵兒，他會在宴席上為大家講故事，在故事快要結束的時候，就拿起剪刀，一邊交代故事結尾，讓滿桌的客人或微笑，或唏噓，一邊飛快地剪出各式剪紙，送給他們。

安徒生剪紙從來不打草稿，拿起紙張就信手剪起來。一般來說，他先把紙張對折，剪的都是左右對稱的圖形。但是他有時也有意地把紙錯開疊，讓他的作品有一種非對稱感。有時他在中心部位留一小塊位置，以便對作品做第二次加工，有時他連續疊紙兩次，讓剪紙圍繞著一個圓形展開。

經常請安徒生做客的德國畫家威廉·考白克印象最深的是：「當他給我們講故事，他會把剛剛剪好的連成一串的芭蕾舞演員遞給我們。她們互相手牽手，向空中踢腿⋯⋯我們誇讚那些剪紙比誇讚故事還讓他受用呢！」有自知之明的安徒生從不畫芭蕾舞演員，卻喜歡在剪紙上沒完沒了地表現她們。

蒙恩的童貞：安徒生的秘密花園
第三篇 無名的墓碑──「雖然我行過死蔭的幽谷」

不可否認，剪紙可能是最簡單最直接的表現芭蕾之美的方式。然而大多數客人拿到這些剪紙後把玩、讚賞一番，也就丟下了，只有極少數把這些脆弱的「美術作品」貼在本子裡。當時的一個小女孩日後留下了這樣有關安徒生的回憶：「……他剪了許多剪影，媽媽把一部分貼在燈罩上。他總是用巨大的剪刀剪東西──對我來說，他如何能用一雙大手和好幾把巨大的剪刀變出如此小巧精緻的玩意，這實在是個謎。」

《東方建築》（1859年剪紙作品）

安徒生在普通人家更受歡迎，他們把他的小玩意當作珍品。他在瑞典的時候，為房東的小孫女兒剪了一個清真寺味道的宮殿，一個貴夫人正打開門走出宮殿。小姑娘奔到院子裡，結果四鄉八鄰都來看這美麗迷幻得如夏日夢境的剪紙，還從小姑娘那裡搜走剪紙──因為她太小，會把這精美的作品弄壞。

老祖母捧來一大盤自製的，據說是當地最好的薑汁餅，謝謝安徒生給她小孫女兒的禮物，順便要安徒生剪幾個新的餅乾花樣，因為她的薑汁餅模子還是她奶奶留下的。安徒生給她剪了幾個拿手的：人形風車磨坊、穿靴子的胡桃夾子、跳舞踢腿的芭蕾姑娘。「太好看了，可太難了。我們可怎麼做模子？」老奶奶高興地說。

相比於童話，安徒生說更願意聽到別人讚美自己的剪紙，不過，這也有可能是詩人那永遠不厭棄讚美的童心發表了以上評論。

安徒生從不吝惜用他的天才為別人帶來快樂。1841年，安徒生因為傳染病檢疫而被隔離10天，百無聊賴之中，他為自己的「難友」剪出了相當數量的剪紙，讓他們的心情保持愉快。「難友」們很快喜歡上安徒生的作品，並藉以驅趕孤獨和煩悶。安徒生喜歡剪出他童話裡的主人翁：天鵝、舞蹈演員、小丑、鸛鳥。安徒生有一篇童話叫《乾爸爸的畫冊》，畫冊其實就是拼貼畫，而乾爸爸就是以他本人為原型的！

乾爸爸會講故事，講得又多又長。他還能剪紙和繪圖！在聖誕節快要到來的時候，他就拿出一本用乾淨白紙訂成的剪貼簿，把他從書上和報上所剪下來的圖畫都貼上去。如果他沒有足夠的圖畫來說明他所要講的故事，他就自己畫出幾張來。我小時候曾經得到過好幾本這樣的畫冊，不過最美麗的一本是關於「哥本哈根用瓦斯代替老油燈的那個值得紀念的一年」——這就是寫在第一頁上的標題。

他很喜歡為孩子們做一些畫冊，就是拼貼畫。安徒生的教子回憶說：「每到臨近聖誕的時候，安徒生就在空白本上貼圖片，都是從別的書或報紙上絞下來的，如果材料還不夠，他就自己畫一些。最棒的時候，就是教父邊翻本子，邊讀上面的詩句，還講許多別的，這樣故事就變成真的了。」

《拼貼》的作品簡直是20世紀初立體主義的「創造」，它的材料選自印刷節目單、蠟光紙和扉頁裝飾圖。而這個類似食人章魚的綠色美杜莎不就是超現實主義的主人翁？《戴面具的女孩》，這個聖誕樹的裝飾品不更像畢卡索式的戲作？

1873年，安徒生開始創造一幅驚世之作。12月1日，他請朋友們為自己收集圖片。1874年1月，他開始剪樣，同年5月這件工程浩大的作品才算完工。安徒生用上千張圖畫貼滿了屏風總面積為5平方公尺的八個面，一面一個主題：德國和奧地利、法國、英國、東方、丹麥、瑞典和挪威、童年、劇院。這是一個行將就木之人用拼圖形式寫下的自傳。

第三篇 無名的墓碑——「雖然我行過死蔭的幽谷」

《墓碑》

　　安徒生沒有接受過繪畫教育，皇家圖書館收藏了一幅1821年的素描，據說是他最早的作品。他的繪畫風格和剪紙、童話等其他藝術形式保持了高度的一致性：粗獷、怪誕，充滿不可思議的想像。在留下的作品當中，有不少令人震驚的天才之作。

　　其中有一幅是在得知莉葆訂婚後繪製的作品《墓碑》：十字架上寫著「詩人」，其下安放著一把詩人的豎琴，象徵榮耀的冠冕，一個詭異的假面具和兩個訂婚戒指。也許此時他依然認為莉葆訂婚是一個哄騙他的假象！他認為自己還有機會！或者自己最好的歸宿應該獻祭給十字架！總之，這幅作品充滿了濃郁的超現實主義風格。

　　安徒生的美術作品像他的童話一樣，充滿了天才的想像，如果我們還能再細細回想一下安徒生的祖父，會發現這爺孫倆有某種驚人的一致——那些奇異形狀的木雕玩具，正是這些造型藝術的先祖。終其一生，他都擔心自己像祖父一樣「發瘋」！這種無法解釋的焦慮伴隨人學之網的步步緊逼，讓他最終患上精神疾病。

　　相比於父母，我們看到，祖父和祖母對他的影響何其深刻，何其久遠！他們和安徒生之間的聯繫看上去似乎十分微弱，不值得細細探究，然而事實的真相是：祖父和祖母代表了人類的先祖形象，他們如同遠古的夢幻，存在

於我們的無意識內涵。父母雖然也如此重要，但更多的時候，他們卻是一個隨機的偶然。

所有的藝術形式之下，隱藏著一個悲痛的世界

受造之物切望等候上帝的眾子顯出來。

——羅馬書 8：19

1844 年，德國女作家依達為安徒生寫了一首詩：

這麼一大群精靈和仙子

花兒和天才在愉快地嬉戲

但是其上有太多心靈的痛苦

但是其下——是一顆悲傷的心

無獨有偶，列夫·托爾斯泰花費了十年的時間解讀安徒生的作品，他只讀出兩個字：孤獨。

兩人的評價，一個在其生前，一個在其身後，他們以自己的藝術直覺體驗到安徒生的生命：一個在夢幻國度裡哭泣的人。

而安徒生的再生之父約納斯·科林的評價印證了兩位的洞見，他說：「安徒生的日常狀態就是憂傷。」

他為孩子們栽種了一個迷人的花園，裡面有雲杉、亞麻、雛菊、玫瑰，還有小意達的所有花兒；他用自己的魔力召喚夜鶯、鸛鳥、雲雀、金絲雀、天鵝等可愛的動物，定期邀請山妖、花精、夢神、冰姑娘、白雪皇后等尊貴的客人。他知道孩子們偶爾也喜歡刺激，但在這個花園裡，他們絕對安全，不會受到任何傷害。

而他自己，我們的安徒生！穿著漂亮考究的貴族服飾，將孩子們安頓妥帖之後，「就出去痛哭」。懂他的或許只有月亮吧，或許只有雪人吧，但是無論如何，這個不太好看的大個子叔叔確實被愛情遺棄了。

蒙恩的童貞：安徒生的秘密花園
第三篇 無名的墓碑——「雖然我行過死蔭的幽谷」

有時候，我感覺安徒生很像強尼戴普飾演的剪刀手愛德華，渴望被愛，卻長著一雙浩劫般的手，無法觸摸自己的愛人。

他的這種失落感如此強烈，以至於我竟然在詩人留下的繪畫和剪紙作品裡找到了佐證。相比於文字，造型藝術或許是一種更具視覺衝擊力和情感空間的表達吧。

素描《被囚》中，一個絕望的男人被困在酒瓶裡，舉起左手，試圖觸摸酒瓶外天使般的女孩。

左《被囚》
右《愛神阿摩爾》

素描《愛神阿摩爾》中，背著弓箭的愛神身後簇擁著一大堆心，每一顆心都標註著一個人名，所有的心都被射中，除了一個叫「安徒生」的名字。

《盜心的賊》

剪紙《盜心的賊》中，一個心形的絞架上，吊著兩個人，其中一個人的手裡還捧著一顆心。《剪影安徒生》中，收錄了兩幅一模一樣的作品，其中一幅創作於 1834 年，安徒生 29 歲，已經經歷了初戀失敗、跟露易絲求愛無果等打擊。

「我教小女孩們疊紙，為她們剪了一個被絞死的人，後來我激動萬分。」第二幅作品創作於 1856 年，安徒生已經到了知天命之年，對愛情已經徹底絕望：「心中的憂鬱啊，趕快離開！明天，將陽光燦爛。生命的歡歌是如此短暫，遠不如憂愁之綿長。」

剪紙、繪畫、童話⋯⋯所有的藝術形式之下，隱藏著一個悲痛的世界。這個世界如此沉重，如此血肉模糊，以至於詩人不忍心將其展示給我們⋯⋯他像天使一樣獨自承擔這個世界的全部重量，把孩子們牽引到鳥語花香的天國花園。

安徒生晚年的自傳《我的童話人生》，是他最有名的個人傳記之一，但是，即使在當時，也有很多人根本就不相信書中陳列的事實。他撒謊了麼？也許，他確實刻意隱瞞了自己的一些故事，尤其是童年。

蒙恩的童貞：安徒生的秘密花園
第三篇 無名的墓碑——「雖然我行過死蔭的幽谷」

但他的童年，1805年的丹麥，一個只能做私活的鞋匠的兒子，有太多的不忍卒讀，他把那些關於人類的邪惡、通姦、賣淫、亂倫、欺詐等種種罪孽都刪去了……我們需要原諒他，更需要敬仰他，勇敢的詩人像一個真正的騎士一樣，赤身裸體地獨自挺立於生活的風暴之中，留給孩子們一個又一個的童話。

孩子，太多的孩子，其中有許多沒有父母的孩子，有的是男女通姦所生的私生子，有的孩子一生下來便被父母殺死，有的則被拋棄。在最好的情況下，孩子也許會有一個正常家庭，即使是像安徒生這樣「最好的情況」，其深刻的心理創傷也是伴隨終生的。這些來自社會最底層的孤獨和憂傷的孩子，在安徒生的童話中，往往正是「同體大病」的直接患者，他們獨自在黯淡的房間裡等待天國的召喚，很少有人知道他們真正的父親是誰，比如《安琪兒》中的主人翁。

有一個故事在安徒生所有的傳記中從未被提及，但它確實存在。當安徒生進入晚年後，曾多次把這個故事告訴給愛德華的兒子。

當時安徒生還是個小孩子，熙熙攘攘的市場上有個算命的，可以用一個窺視盒看到顧客的未來。這時，作家的母親想知道自己不同尋常的、聰明的兒子將來能幹什麼。算命的仔細地看著盒子裡面，之後遞給她一張印有詩的小紙條：「他能成為一個皮條客，但不可能是個賊！」安妮不得不作罷，轉過身，對圍在周圍的女人們說：「噢，好吧，感謝上帝，至少他不會偷別人的東西！」

除了他生命中天生的詩性，除了奧登斯迷人的民間傳說，我們有理由相信：這個家族是一個善於做夢的，具有傑出想像力和創造力的家族，那些境遇悲慘的孩子，才是他選擇童話這一迷人的寫作體裁的直接動機。

讓我們看看這個發生在《沒有畫的畫冊》中的小插曲：

第33夜，月亮選擇了一個能代表著地球未來生命的孩子。在一個孩子成群的大家庭裡，窗簾依然沒有被拉上，孩子中間有一個4歲的小女孩，她

對禱告很是在行。當其他孩子在後院玩弄著椅子和玩具、大聲吵鬧的時候，小女孩的母親坐在她的床邊，靜靜地聽她做完禱告。

這天，她又在唸著：「我們在天上的父，願人都尊你的名為聖。願你的國降臨，願你的旨意行在地上，如同行在天上。我們日用的麵包，……今日賜給我們。免我們的債，如跟我們免了人的債。不叫我們遇見試探，救我們脫離兇殘。因為國度、權柄、榮耀，全是你的，直到永遠。阿門！」

女孩加了一句話，所以母親打斷她，讓她重複一下在「我們日用的飲食」後面加了些什麼話。這個小女孩滿臉窘迫地抬起頭看著母親，她請求母親不要生氣，自己只是懷著虔誠的希望讓禱告更完美：「在麵包上多放點奶油吧！」

這個小女孩的形象是讓人極其愛憐的，在她的身上有詩人期許的理想人格或者說是基督徒的樣式：再多的苦難也不放棄童貞。那些無法言說、不可示人的悲傷，在基督的愛裡得到永遠的祝福與甘美了。

正因為如此，保羅常說的「雖然悲傷，卻始終快樂」，才如此驚心動魄。安徒生在總結自己的一生時曾說：「我的整個生活，光明的，黑暗的，都帶領著我走向最好。就像是一次目標明確的海上之行，我把握著槳，我選擇了我的道路，我盡我的努力，但是在風暴中，在大海中，上帝為我謀劃，他在掌舵，要是發生的事情和我預期的不同，那麼他的掌握對我是最好的。這個信念牢牢地扎根在我的胸中，它為我帶來幸福！」

「可是，他根本不是陌生人，他是安徒生呀！」

1874年，即安徒生去世前一年，他收到一封讀者來信，信出自一位美國女學童之手，隨信附有一張一美元的鈔票，以及一份登載著安徒生身體病弱及所謂窮困潦倒的報紙剪報。沒多久，別的孩子也開始寄來小額錢款，用以償還費城一家報紙所謂欠這位丹麥作家的「兒童債」，後來，連美國大使也親自給他送來了200個丹麥銀元。

還沒有窮得揭不開鍋的安徒生想加以阻止。他寫信給發起這一慈善募捐活動的《費城晚報》發行人吉布森·皮科克，說他儘管很樂於見到「我以小語

蒙恩的童貞：安徒生的秘密花園
第三篇 無名的墓碑——「雖然我行過死蔭的幽谷」

種所寫的故事能在距祖國如此遙遠的地方找到讀者」，並且為如此多的美國孩子「打破儲蓄罐來幫助我這個老作家」而深深感動，可他確實不需要也不能夠接受這些禮物。他寫道，現在他感到蒙羞，而非自豪和感激。而某種滿足感已經抵消了安徒生的困窘。

孩子們的愛也如此實在！作為全世界兒童眼中的「童話王子」，安徒生在生前就已經獲得了足堪匹配的榮譽——再多的勳章也無法比擬這一顆顆晶瑩的童心！毫無疑問，這才是真正的無上榮名。

安徒生的童話名篇《錫兵》在當時受到很多人喜愛。有一天，安徒生到朋友家小聚，離開的時候，朋友對他說：「我的小艾利克知道你要走，哭了一晚上。他有兩個錫兵，讓我送一個給你帶著上路。」

1857年，安徒生已經成為全民偶像，走在街上，孩子們會從窗子裡伸出腦袋朝他點頭。一天，安徒生在街上遇到一個衣著華麗的女子，她牽著兩個孩子散步。忽然，小的孩子掙脫母親跑向安徒生，伸出白白胖胖的小手。母親忙把他叫過去：「你怎麼可以去和一位陌生的先生說話！」孩子回答說：「可是，他根本不是陌生人，他是安徒生呀！所有的孩子都認得他呀！」

兩年後，詩人受邀來到一處陌生的莊園，人們為了歡迎詩人在屋頂升起了國旗。但這樣的儀式太隆重了，詩人不相信是為了他的緣故，直到第二天一大早，他準備上船離開時，看到人群中有一個小孩子，他問：「小可憐蟲，這麼早就要上船？」「他根本不是要上船，他今天一刻也不安寧，直到我答應他可以過來送您。他知道您所有的童話！」詩人感動不已，連連親吻小男孩，溫柔地說道：「快回去睡覺，我的小朋友！祝你平安，平安！」

不管是平民的孩子，還是本國和異國的王子、公主，都對安徒生表現出孩童特有的痴迷。這位老王子不但用自己的童話，還用朗讀童話的方式、奇妙的剪紙才能和豐富的愛心俘虜了他們。

那些有幸圍繞在安徒生身邊的孩子有福了！他們不但要豎起耳朵，還要睜大眼睛，因為老王子不但會用嘴巴講述那些動聽的故事，還會用那雙骨骼粗大的手剪出許多頂漂亮的花樣！真是太神奇了！孩子們經常成群結隊地跟

在他屁股後面，巴巴指望著聽一個新的故事，或是被贈予一幅新的剪紙。這是由衷的崇拜和喜愛啊！對晚景淒涼的安徒生來說，又何嘗不是一個奇蹟⋯⋯

安徒生的模樣，被許多人認為醜得出奇，像只大猩猩，但孩子們從不覺得他醜，因為那些最美麗的小東西，天使啦、花精啦、山妖啦、仙女啦都是從這位老王子嘴裡緩緩吐出來的，他一定有魔力，也許他會變成另外一個樣子，但現在他只打算用這副皮囊出現，僅此而已！

此外，安徒生傑出的朗誦才能應該也是一大亮點，不管是朋友聚會、沙龍、演講還是在皇宮，朗誦總是讓他熠熠生輝。他的聲音在朗誦的時候非常動人，不但如此，他還會配合一些漂亮的擬聲詞和非常合適的手勢，這讓他在朗誦童話的時候簡直迷死人！安徒生對朗誦時整個氣場的拿捏非常到位。

19世紀40年代，德國作曲家孟德爾頌曾經參加了一次安徒生組織的閱讀會後，興奮得幾乎忘乎所以，以至於他迫不及待地連聲感謝安徒生，竟然興高采烈地飛奔到安徒生身邊，脫口而出：「你真是一個讓人不可思議的朗讀大師，任何人都不可能像你這樣去朗讀一篇童話故事！」

一年冬天，安徒生當時正在霍爾斯坦伯格過聖誕節和新年，大家決定在晚餐時舉辦娛樂活動來慶祝新年。在辭舊迎新之際，用慶祝活動預祝來年的好運氣往往已經成了習俗。於是，人們拿出了鋼筆、紙張和剪刀，希望安徒生來一次即興表演。

沒用多長時間，一個有鋸齒狀邊緣的橢圓形大剪紙便從安徒生的手中應運而生。安徒生在剪紙的所有扇邊上寫上一些祝福好運的語言，然後再把扇邊折起來。這樣，任何人都不知道上面寫的是什麼。之後，作家給所有折起來的扇邊編上號碼。每一位客人選擇一個數字，安徒生便逐個打開扇邊，把這些祝詞讀給大家，在座的每個人都度過了一個美好的節日夜晚。

在其他一些類似的節日晚餐中，安徒生也會張羅一場業餘即興表演，由在座的大人和孩子客串劇中的角色。安徒生也會給大家獻上一場個人表演，憑藉他那非凡的演繹能力，採用10拍或12拍韻腳，並根據客人們選定的主

題現場即興創作一首長詩。這種根據聽眾要求即興創作的藝術形式被人們稱為「回合打油詩」，安徒生這位即興詩人是這種遊戲的寵兒。

安徒生尊重孩子，理解孩子，從不濫用他那溫和的批評方式。你大概知道，一顆溫柔的心在所有的才能之上。

到了20世紀20年代，霍爾斯坦伯格莊園的二女兒，埃爾斯·布龍·德尼爾加德，針對安徒生去世之後所流傳的所謂作家不能容忍孩子的謠言進行了駁斥。德尼爾加德還清楚地記得，安徒生曾經把她抱在膝上給她講故事，還經常用小剪紙來講述自己的故事。他甚至還能剪出自己的側面像。儘管從總體上看，安徒生是一個極為和善的好男人，但是當小埃爾斯因為生氣而開始亂踢的時候，他還是要斥責這個嬌生慣養、不懂禮貌的小女孩。「老老實實地坐在這，女士。」安徒生總會這樣命令她。

那是他給德尼爾加德起的綽號，因為有一天早上吃早餐的時候，作家說：「早上好，太太。」小埃爾斯得意揚揚地轉向她的女家庭教師，並耀武揚威地說：「我已經被宣布成為太太了！」

▍最後的榮耀

從兒童期自戀到死亡恐懼的嬗變

死啊，你得勝的權勢在哪裡？死啊，你的毒鉤在哪裡？死的毒鉤就是罪，罪的權勢就是律法。感謝上帝，使我們藉著我們的主耶穌基督得勝。

——哥林多前書 15：55～57

安徒生的身上，一直比較集中地體現了「生之慾望」和「死之恐懼」的交鋒。如果「生之慾望」因為具備了普適性而變得有些隱晦，那麼「死之恐懼」則表現得非常突兀了。

這些知情人當時也有所耳聞吧。在許多場合下，莫勒都願意談論安徒生是怎樣一個古怪、幼稚而又頑固的傢伙。這位作家總是隨身帶著一小冊手寫

詩集，而詩集的標題同樣也標新立異：「漢斯·克里斯汀·安徒生的詩。死於1828年。」

1828年正是安徒生升入大學的年份。如何理解這個時期結點對安徒生的影響呢？我們看到，至少有三個東西聯繫在一起了：

詩歌、1828年、死亡恐懼。這不禁讓我想起佛洛伊德，他終身都在考慮自己的死期，在朋友的預測下，認為自己應該死於40歲，之後又認定自己應該死於「1828年2月」。天才們總是更容易被死亡恐懼困擾。

安徒生在文法學校的一段經歷成為他終身的夢魘，就是在這一時期，詩歌和信仰開始征戰不休，死亡恐懼開始空前具象化，到最後愈演愈烈，以至於發展成眾人皆知的疑死症。「1828」，這個神祕的數字傳遞出如下訊息：我，一個天才詩人，深受繆斯的青睞，戴著詩人的冠冕，卻不幸受盡磨難，根本活不到成年正式踏入社會之時，我將死去，而你們當哀哭。

「死於1828年」的設想一定為他帶來了相當程度的滿足。詩人的榮耀將意味著被許許多多素昧平生的人所愛，而這正是他終身渴慕的。就像在童年一樣，他再次用幻想修正當下，用死亡證明自己的不朽。而且，這種幻想在後來一定成了常態，以至於讓他終身被死亡恐懼困擾。其死亡恐懼的表現特徵之一是明顯的疑病症：他總是擔心自己會染上各種各樣可怕的疾病，如旋毛蟲病、膝關節積水、癌、丹毒、腦震盪、中風等；他曾因為一個朋友開玩笑用手杖戳了一下他的肚子就擔心它會爆裂；他雙膝顫抖就擔心膝關節積水……

此外，他還患有比較嚴重的泛性恐懼症：他不敢獨自穿過曠野，還特別害怕自己被火燒死，在他的衣箱中總是備有一條繩子，讓他能夠在旅館失火時利用繩子從窗口滑到地面；他非常害怕自己被活埋，他的床頭經常放著他親筆的一張紙條：「我沒死，只是看上去像是死了。」他還要朋友保證要在對待他的死亡進行窒息驗證之後才安葬他。這些明顯的精神疾病症狀，有可能並非空穴來風，比如關於最後一條，詩人確實有過與之相應的心理陰影。

蒙恩的童貞：安徒生的秘密花園
第三篇 無名的墓碑——「雖然我行過死蔭的幽谷」

1842年10月8日，作曲家魏瑟——安徒生稱他為「我的第一個高貴的保護者」——去世了。入葬那天，詩人發現這位長者的心房區還沒有完全冷卻。

我請求醫生看在上帝的份上檢查一下，盡一切努力讓他再活過來，但是他們在經過最細緻的檢查後肯定地說，他死了，已經死了。這種溫暖的現象並非常事，於是我要求他們最好把棺木釘上之前切開他的脈管，他們沒有這樣做。歐倫斯萊厄聽說了這些，他來找我：「怎麼回事？你要肢解他麼？」他以他個別場合會有的那種火氣問我。「是的，那總比他在棺木裡醒過來要好些，你去世時大約也會這樣的！」

同樣，在他的童話中，死亡意象出現的頻率也幾乎和上帝等同。雖然，死亡一直是藝術家青睞的主題和表現形式，但對童話這種特殊的文學體裁而言，如此大規模的密集出現，依然是令人疑惑的。

在前文中我們發現，安徒生在童年時期就和一般的孩子很不一樣，他認為自己是被抱錯了的、貴族的兒子。這一心理特徵的構成和現實因素緊密相關。

第一，他享受到完整的家庭之愛，沉浸在兒童期的自戀狀態中，有可靠的和穩定的支持（上帝、父母），從而產生了魔法般的全能感，他總是認為自己是世界的中心。「父親——我得到他全部的愛，他為我活著！」「母親——我聽母親說，我特別幸福，我過得就像爵爺家的孩子一樣！」「祖母——她打心底裡愛我。我知道，我懂得。」

第二，安徒生是整個家族的童話繼承者，他認為自己流著貴族的血液，所以必須回歸到貴族身份——當一個家族窮盡幾代人傳遞一個訊息時，這個訊息是真是假已經沒有太大意義。安徒生迷戀一切貴族符號，在此後的歲月中表現為文飾。

所以在童年時期，如果以父親之死作為時間節點，那麼確定時間應該是安徒生11歲以前，自戀對於他是一套完整的保護機制。他自感出類拔萃，充滿令人驚奇的能力，外部世界如同一枚玻璃球，被自己輕易掌握在手中。

由此，我們不難理解安徒生實際上具備的非凡的勇氣：他只是偶爾聽大人講過人的內部結構，就敢在門上用粉筆胡亂塗抹，為貧苦的老婦人們講解內臟的形狀和構造；他在拾麥穗之時被壞人追趕，敢直著脖子問：「當著上帝的面，你敢打我麼？」

14歲，他已經成長為一個有些怪異的少年，但依然是一副無所畏懼的模樣。當他決然取出自己平時積攢的零錢當路費，坐上郵車直奔哥本哈根絕塵而去，那樣的勇氣確實是無可解釋的天才的神祕。

童年時期，完整的家庭之愛給予了安徒生基本的安全感，這種安全感讓他足以與外部世界抗衡。但是，當父親去世，母親再嫁以後，一切轟然坍塌。他感到自己被遺棄，五彩斑斕的「壓抑前的天國」也褪掉了顏色，不良的生活經驗讓死亡恐懼顯現。

安徒生幼年時曾經想以把自己溺死的方式試驗上帝的意志，最後他確定：上帝是愛自己的，不會要他死而要讓他活。由此可見，死亡恐懼不但和伊底帕斯情結緊緊相關，還事關神愛這一重要心理動機。

上帝愛我，所以，我不會死。反之，如果我死了，證明上帝不愛我。但是，上帝可能不愛我麼？不可能！由此，安徒生不得不擔心自己時時死於非命，其死亡焦慮在中年以後表現得尤為突出。

這又不免讓我們奇怪，有信心的基督徒其實是不怕死的。漢斯‧克里斯汀‧安徒生，名字中也帶著聖潔意味的、虔敬的大基督徒，卻如此怕死，實在免不了被人詬病。

死亡一直是困擾人類的難題，因為人類和動物不同，動物因無知而純潔，因無意識而不知生死。而人類的始祖亞當、夏娃自從偷食了智慧樹上的禁果，便具有了自我意識，自我意識衍化成人格謊言及一系列防禦機制，表現為種種被造物的焦慮，但是，「成為自我意識的動物意味著什麼呢？……它意味著知道了自己是蛆蟲的口中之物。

恐怖在於，人生於虛無，接著有了名字，有了自我意識，有了深刻的自我感覺，有了對於生活及自我表現之令人苦惱不堪的內在渴望；然而，儘管有了一切，人最終仍不免一死」。

正如精神疾病其實是人類的普遍症狀，只不過在藝術家身上表現得比較突出，死亡恐懼也正是如此。藝術家無法像普通人那樣輕易進入庸俗的日常，所以他們的焦慮始終伴隨其藝術生命的成長，直到真正的死亡來臨。

彷彿需要對自己的疑死症做一個歉意的說明，安徒生在自己的童話裡呈現了他認為正確的、真正屬於基督徒的死亡觀。

美夢成真——「終有一天，奧登斯要為他張燈結綵。」

上旁為愛他的人所預備的，是眼睛未曾看見，耳朵未曾聽見，人心也未曾想到的。

——哥林多前書 2：9

1867 年 11 月的某一天，安徒生收到了一封來自奧登斯市政府的信。信中說，市政委員會已經一致通過推選安徒生成為奧登斯市的「榮譽市民」——在當時，這樣的榮譽是極其罕見的。激動萬分的安徒生馬上寫了一封回信：

榮譽證書上的圖案均取材於安徒生著名童話。

昨天晚上我接到了尊敬的市政府的來信，我急切地就此帶上我的最深切的感謝。我的出生城市透過你們，我的先生們，給了我從來不敢想的那種認可，那巨大的榮譽。

四十八年前我作為一個貧窮的孩子離開了我的出生城市，而現在，帶著豐富的幸福回憶，我被接納為我出生城市的一個可親的孩子。你們會理解我的感情的。我被抬舉得高高的，不是被抬舉入虛榮之中，而是被抬舉來對上帝賜給我的那些沉重的考驗的時刻和那許多幸福的日子表示感謝。請接受我最衷心的感謝。

我非常高興在你們擇定的那一天，十二月六日，和我親愛的出生城市的高貴的朋友們相聚，要是上帝給我健康的話。

非常感謝你們的，忠實的安徒生

在12月6日即將到來的頭一天晚上，安徒生處於高度興奮狀態，久久不能入睡。已經步入老年的詩人當時正在犯牙疼，胸口也悶，他感到身體的病痛是在提醒自己：「你有一切輝煌，卻只不過是一個瞬息即逝的孩子，是塵埃中的一條蟲！」而一想到明天：「我將如何，又該如何來享受我的不可想像的幸福！我不能，我在這幸福中顫抖！」

那一天，為了歡迎自己的孩子，奧登斯不但被妝點一新，而且所有的學校都放假。市民和從鄉下趕來的村民熱熱鬧鬧地圍聚在一起，發出震耳欲聾的歡呼聲。所有的屋頂都懸掛著表示歡迎的丹納布洛。合唱團在市政廳前演奏了由安徒生的詩創作的音樂作品《古爾》《我愛你——丹麥我的祖國》（丹麥國歌），因為安徒生本人正在市政廳領取榮譽證書。

該證書是由奧登斯畫家斐特羅·克羅恩設計的，非常精美，上面的圖案都是來自安徒生童話中的經典形象。可想而知安徒生當時的激動！他迎來了自己一生中最光榮的時刻，少年時那個神祕的預言終於成真：「終有一天，奧登斯要為他張燈結綵。」

然而，詩人這時的感覺並不是狂喜，他感到自己像是正在接受人們讚美的醜小鴨，因為他剛剛被告知自己實際上是一隻天鵝：

蒙恩的童貞：安徒生的秘密花園
第三篇 無名的墓碑——「雖然我行過死蔭的幽谷」

他感到非常難為情。他把頭藏到翅膀裡面去，不知道怎麼辦才好。他感到太幸福了，但他一點也不驕傲，因為一顆好的心是永遠不會驕傲的。他想起他曾經怎樣被人迫害和譏笑過，而他現在卻聽到大家說他是美麗的鳥中最美麗的一隻鳥。……他搧動翅膀，伸直細長的脖頸，從內心裡發出一個快樂的聲音：「當我還是一隻醜小鴨的時候，我做夢也沒有想到會有這麼多幸福！」

在這榮譽的頂峰，他喜悅卻並不驕傲，因為他再次感受到上帝的大能與慈愛：「我受到無比的感動，我自感謙恭和渺小，就像是站在我的上帝面前一樣。我內心冥閉，我的思想、言辭和行為是多麼虛弱，有多大的錯誤和多少罪惡！上帝感覺到了，在人們這樣抬舉我，給我榮譽時，我感覺到自己是多麼的微不足道。」

這樣的謙卑必然為上帝所喜悅，這是基督徒才有的清醒：正是上帝，透過一個意味深長的預言，把這生活在絕望中的、出身卑賤的孩子抬舉到眾人之上。一個曾經的窮孩子站在那裡，光榮得像個國王。

那一天的歡樂情景實在是動人的回憶！全國人民都發來賀電，其中包括國王夫婦的賀電。安徒生坐在大廳中央，漂亮可愛的孩子們圍著他唱歌跳舞，讓這位老詩人開心得不得了！他顧不上劇烈的牙疼，開始為孩子們朗誦童話。緊接著，各個行業的代表以及歡樂的人群，拿著火炬，舉著旗幟，浩浩蕩蕩地來到市政廳向德高望重的詩人致敬。這真是令人無法承受的幸福！但安徒生自稱牙疼讓他「無法享受我此生的這個幸福的高潮」，於是他只能感謝上帝！

這個空前盛大的慶典一直是遊人前往奧登斯最願意聽到的故事。早在安徒生的有生之年，他就為自己的母親城市帶來了巨大的榮譽和與之相匹配的旅遊收入——前來瞻仰安徒生故居的人絡繹不絕。直到今天，安徒生依然是奧登斯，乃至丹麥最動人的名片。

一夢七十年：詩人的最後一瞥

> 名譽強如美好的膏油；人死的日子勝過人生的日子。
>
> ——傳道書 7：1

在安徒生晚年，他的大部分時間與猶太商人莫里茨·梅爾考斯一家待在一起，梅爾考斯一直在照顧他。1872 年末，安徒生一度病重，王室時時打聽他的病情，腓德烈王儲兩次到他的病榻前問候，到了第二年 2 月 3 日，克里斯欽九世攜瓦爾德王子親自造訪安徒生以示慰問。而在安徒生去世的頭一年，即 1874 年 4 月 2 日，在安徒生生日這一天，國王封他為國務參事，並授予他一級高級騎士國旗勳章。

安徒生生前的最後一張照片（1874 年 9 月 26 日皇家攝影師喬治·漢森攝於本哈根）

這些不斷追加的榮譽一定為他帶來了相當程度的安慰，因為直到此刻，他依然和少年時一般，緊緊地依附於人學之網的中央，熱烈歡迎粉絲的造訪。「對別人的賞識顯出令人心碎的渴望。」在《憂鬱的丹麥人》中記敘了這兩個例子。

當時年僅 23 歲，也不會說丹麥語的英國文學記者和評論家愛德蒙·高斯，後來寫了他如何在門口遇到詩人：「一位高個、上了年紀的紳士，身穿整套的褐色西裝，戴著一頂顏色同樣深淺的鼻煙色捲毛假髮。」高斯接著寫道：「那一瞬間，我好像被狠戳了一下，他那張古怪醜陋的臉和手，他那長得令人眩暈的手臂……漢斯·安徒生的臉是一張農民的臉，長至一生的感性和文化生活也沒能從他臉上移去泥土的印記。」

蒙恩的童貞：安徒生的秘密花園
第三篇 無名的墓碑——「雖然我行過死蔭的幽谷」

美國領事GW格里芬好像記不得安徒生身體上的病痛了。「我拜訪他時，」格里芬在1875年寫道，「交給他一封西斯特先生（一位詩人朋友）寄給我的信，請安徒生為他的自選集抄點他喜歡的詩句。」安徒生在一張照片的背面劃了幾下，書寫道：「致 L·J·西斯特先生。人生是最美的童話。此致。H·C·安徒生。」接著，他拉著格里芬的手說：「告訴朗費羅先生，說我病得厲害。」格里芬是帶著明顯的，幾乎是洋洋自得的滿足感來描述這一場景的。不管是他，還是安徒生在去世前那幾個月裡同意會見的人，好像都沒有捫心自問，為什麼他們自己還不急不忙地登門討擾呢？

死亡就快要來臨了，安徒生被病痛折磨得形銷骨立。這位一生飽受死亡恐懼煎熬的詩人，終於快要回到天國花園，俯身在天父的膝下敬拜了。也許，在纏綿病榻期間，他會想起從前見過的死亡場景！

多年以前，當他還是一個年輕人的時候，甚至參加過拉斐爾的葬禮。他在自傳中描述過那一天的情景：

我們在羅馬的第一項議程就是參加拉斐爾的葬禮。棺材安放在用黑布裝飾的高台上，覆蓋著金黃色的布。牧師們唱起了《聖經詩篇》第五十一篇《真誠的崇拜》；棺材打開，把剛剛誦讀過的獻詞放進去；正當參加葬禮的人們開始繞著教堂行進時，不知從哪傳來了唱詩班的歌聲，打動了每個人的心。

所有最著名的藝術家和有頭有臉的名流，都在隊列裡。我就是在這第一次見到了曹瓦爾森。他像其他人一樣，手裡拿著蠟燭，緩步前行——一件大煞風景的世俗之舉，卻破壞了我莊嚴肅穆的感覺。下葬時，因墓穴很窄，不得不先把棺材的一頭放進去。但這樣一來，事先精心擺放的屍骨也都滑到一頭去了。我們能聽見屍骨在棺材裡發出「嘩啦嘩啦」的聲響。

也許他更願意回想這樣的場景：

1843年，當他親密的朋友沙米索在柏林去世時，安徒生在悼言詩中這樣寫道：「縱然在陰間，上帝也有安排築起一座橋引他們到極樂世界。」後來，當科林的夫人過世時，他說：「我從來沒有想到過，離開這個世界會是如此幸福，沒有絲毫痛苦。我的魂靈中湧出一種虔誠，對上帝和對永恆的肯定。

這種虔誠把這一瞬間刻在我的生命裡，成為一座豐碑，那是我成年以後第一次站在一位彌留的人面前。兒輩和孫輩孩子都聚在一起，這樣的一刻我們周圍的一切都是神聖的。她的魂靈就是愛，她走向了愛和上帝！」

他應該會想自己是否真的符合一個合格的基督徒的標準。在他晚年的童話《最後的一天》中，很明顯，那個最後一天的靈魂正是詩人自己。童話開頭說：

我們一生的日子中最神聖的一天，是我們死去的那一天。這是最後的一天——神聖的、偉大的、轉變的一天。你對於我們在世上的這個嚴肅、肯定和最後的一刻，認真地考慮過沒有？靈魂看到了一場化妝舞會，他看到，「大家的衣服下面都藏著某種祕密的東西，不願意讓別人發現。這個人撕著那個人的衣服，希望這些祕密能被揭露。於是人們看見有一個獸頭露出來了。在這個人的眼中，它是一個冷笑的人猿；在另一個人的眼中，它是一隻醜陋的山羊，一條黏糊糊的蛇或者一條呆板的魚。」

衣服下面這些奇形怪狀的東西並不是祖父的作品，而是罪，我們每一個人都有的罪，但每一個人都試圖掀起別人的衣服，窺伺別人的罪。

「我的身體裡面有一個什麼動物呢？」飛行著的靈魂說。死神指著立在他們面前的一個高大的人物。這人的頭上罩著各種各色的榮光，但是他的心裡卻藏著一雙動物的腳——一雙孔雀的腳。他的榮光不過是這鳥的彩色的尾巴罷了。

詩人非常明白，自己的內心住著一隻孔雀，而天父並不喜悅。他這樣回答守門天使的盤問：

「我嚴格地遵守了一切戒條。我在世人的面前儘量地表示了謙虛。我憎恨罪惡的事情和罪惡的人，我跟這些事和人爭鬥——這些一齊走向永恆的毀滅的人。假如我有力量的話，我將用火和刀來繼續與這些事和人爭鬥！」

蒙恩的童貞：安徒生的秘密花園
第三篇 無名的墓碑——「雖然我行過死蔭的幽谷」

安徒生的安葬儀式於 1875 年 8 月 11 日在哥本哈根聖母教堂舉行。

「那麼你是穆罕默德的一個信徒吧？」

天使說。

「我，我絕不是！」

「耶穌說，凡動刀的，必死在刀下！」

你沒有這樣的信心。也許你是一個猶太教徒吧。猶太教徒跟摩西說：『以眼還眼，以牙還牙！』猶太教徒的獨一無二的上帝就是他們自己民族的上帝。」

「我是一個基督徒！」

「這一點我在你的信心和行動中看不出來。基督的教義是和睦、博愛和慈悲！」

「慈悲！」無垠的太空中發出這樣一個聲音，同時天國的門也開了。靈魂向一片榮光飛去。

看得出來，安徒生比以往任何一個時刻都更加渴望上帝的接納，他要回到天國裡去，然後，重新成為一位天使。1875 年 8 月 4 日上午 11 時零 5 分，安徒生平靜地離開了人世，醫生診斷他死於肝癌。看來他確實很不開心！中醫認為肝病都是憂愁鬱結所至，他一生的憂愁顯然太多了！安葬儀式在 1875 年 8 月 11 日舉行，地點是哥本哈根聖母教堂。由於安徒生沒有親人，參加儀式的人員包括安徒生在世時的各界朋友以及自發前來的普通市民和數位皇室成員，場面壯觀，備極哀榮。

主持儀式的牧師朗誦了安徒生的詩《詩人的最後一歌》，陪伴安徒生到墓地的輓歌是他的好友哈爾特曼以前為藝術家曹瓦爾森所寫的。當然，安徒生並不會太寂寞，他被安葬在著名的襄輔墓園，和他一起長眠的都是那個時代最耀眼的明星：存在主義之父齊克果、電磁感應發現者奧斯特、原子物理學家玻爾、無產階級作家尼克索，就算在黑暗中，他們的光芒也能把丹麥的天空照亮。

蒙恩的童貞：安徒生的秘密花園
第四篇 天國花園——安徒生經典童話作品解析

第四篇 天國花園——安徒生經典童話作品解析

沒有人能夠抵擋安徒生童話的引誘。記憶中，彷彿所有的故事都不曾老去，它們一直伴隨著我們成長，比諾言更堅貞。每過一段時間，重讀那些故事依然免不了心生訝異：「原來這故事說的卻是這樣一番道理，我以前怎麼不曾發現？」時光飛逝，它們毫不理會，煥發著永恆的青春美態；時光飛逝，它們不斷衍生更新著內涵和外延，如同不斷膨脹著的宇宙。

所有的童話都被安徒生打上蝴蝶結，埋葬在天國花園之下，它們年復一年生長著絢麗的花朵，任由孩子們變幻成七星瓢蟲和小蜜蜂，熙熙攘攘飛來飛去或者刁鑽地啜飲著花蜜，好不熱鬧歡喜。但是，當孩子們長大後，他們的眼睛漸漸蒙上塵土，便再也看不到花園了，時間再久一點，他們乾脆忘記了曾經到過天國花園這樁事。

只有安徒生，在花園的護欄邊永遠守候，等待著一批接一批的稚子。所以，當我們長大成人，發現生命中所有的童話都已經破碎的時候，只有更愛安徒生。

▎信仰的言說和不可言說

原野裡的百合和天空下的飛鳥——生命深處的不可言說

你們看那天上的飛鳥，也不種，也不收，也不積蓄在倉裡，上帝尚且養活它……你想，野地裡的百合花怎麼長起來？它也不勞苦，也不紡線。然而我告訴你們：就是所羅門極榮華的時候，他所穿戴的還不如這一朵花呢！

——路加福音 12：24～27

他們都自詡為詩人，自由，自我，追求絕對的孤獨和安寧，他們都是個體的人，在不約而同中選擇了自己的人生。正如齊克果聰明地洞悉了安徒生的「女性意識」一樣，安徒生對齊克果的諷刺也不遺餘力。他們兩人劍拔弩

張，咄咄逼人，卻在私下暗自閱讀對方的作品，互贈大作，想來也令人啞然。也許他們都意識到了對方和自己其實是一路人吧。

在《原野裡的百合和天空下的飛鳥》裡，齊克果曾經做過這樣一段詩意濃烈的陳述：「沒有詩人的幫助，你相反能夠在百合和飛鳥那裡學習那沉默——那是只有福音能夠教導你的，亦即，這是嚴肅認真，這應當是嚴肅認真，飛鳥與百合應當是導師。你應當嚴肅認真地仿效它們，學習它們。你應當變得默然如百合和飛鳥。」

「默然」成為齊克果所高度推崇的處於信仰階段的人的常態，在《恐懼與顫慄》中，齊克果這位「漂亮文體思索家」（薩特語）以纖毫畢現的，幾乎窮盡了人類語言的極致的文字，詳盡描繪了亞伯拉罕獻祭幼子以撒時面臨的誘惑——悲劇英雄和信仰騎士的抉擇，而可敬的老父亞伯拉罕始終默然，他選擇了後者。

原野裡的百合和天空下的飛鳥，既是偶然的，也是必然的；既是短暫的，也是永恆的；既是此岸的，也是彼岸的。它們是天工的造化，自然有著世上難及的風華。齊克果在詩意中發現了「哲學碎片」，只有如此的默然，才能承載存在的悖謬和荒誕。這也是在不斷地越過人生道路的審美階段和道德階段之後到達的宗教階段所呈現的狀態。

如果說，齊克果以感性的直覺參悟到事物本質的奧妙，那麼，安徒生則以一種更天真的方式來述說自己的感動。他的「孩子氣」和「兒童精神」伴隨聖靈的感動飛到每一個孩子的夢中去了。無論是醜小鴨還是玫瑰花精，無論是天鵝還是人魚，無論最終的結局是毀滅還是光明，每一個故事的終極使命，歸根到底都是為了榮耀上帝——榮耀的過程因為隱祕、聖潔、莊嚴，在無意識中被自我賦予了獻祭般的儀式感。

因此，原野裡的百合和天空下的飛鳥，在安徒生的童話裡也一一找到了對應物。田野裡的雛菊和蹣跚的醜小鴨，他們在理論上都必須生而沉默，他們要失去言說的自由，直到雛菊透過死亡發現自己的美學價值，直到醜小鴨在別人的眼中成長為一隻天鵝。

雛菊不會說話，所以他羨慕那些能歌唱的鳥，只是他不知道，正是因為他的沉默，才使得自己成為一種更高貴的存在。

醜小鴨並不是不會說話，但是他說的話別人都不懂，在文本的語境中也就等同於一個啞巴。醜小鴨說：「你們都不懂我。」高貴的出身讓他受挫，反過來，只有言說的困難才有讓他回歸到高貴身份的可能。如果醜小鴨聒噪而且日子過得不錯，那麼，他就永遠只能是一隻醜小鴨。

他們都不需要說話，宗教的境界中不需要言說。

《艾麗莎》《海的女兒》《錫兵》，可以說，這三個故事中的主人翁形象代表了安徒生童話中最深情的形象。「情不知所起，一往而深，生者可以死，死可以生。」原來這樣的至情，並非成年人獨享，一個童話裡的角色，也足以肩負至情的沉重。艾麗莎、小美人魚、錫兵，他們在最深沉的愛情裡不約而同地選擇了沉默。

死亡深淵中的童真和母愛——在無限的棄絕中擁有信念

你的慈愛上及諸天，你的信實達到穹蒼。你的公義好像高山，你的判斷如同深淵。

——詩篇 36：5～6

《母親的故事》和《墳墓裡的孩子》，這兩篇童話風格、主題類似，都是講母親的喪子之痛。《母親的故事》講的是一位母親為了挽回孩子的生命，不惜付出一切的故事，哀婉深沉的母愛令人動容。請看這段母親和死神之間的對白：

「你怎麼也反抗不了我的！」死神說。「不過我們的上帝可以！」她說。「我只是執行他的命令！」死神說。

這段對白鮮明地表達了安徒生的立場，倫理讓位於宗教，上帝之愛不但透過個體的喜樂，也透過個體的受難來彰顯。母親的孩子被死神帶走了，她為了追趕死神，一路上歷經種種磨難，她把荊棘緊緊地抱在自己的胸前讓它

取暖，甚至打算將整整一湖水喝乾。最後，她獻上了自己清澈的眼睛和美麗的黑髮，才來到死神的居所。

她的孩子其實是生活在死神溫室裡的一朵花，只是，她此前並不知道：花的凋零或怒放，全在上帝的意思，每一朵都有屬於自己的命運。母親為自己孩子的命運揪心不已。

這個故事讓每個心領神會的人都會想起《聖經》裡那個著名的比喻：陶匠用泥土製陶器，種種不一，有的是低賤的瓦器，有的則是貴重的器皿，但陶器不可因此而埋怨恨怒，因為被造物首先必須承認自己的被造——一切全在造物主的安排。所以最後母親向上帝禱告：

您的意思永遠是好的，請不要理我所做的違反您意志的祈禱。

這篇《母親的故事》在當時就受到許多人的喜愛，不但因其動人的情節，更因其中蘊含的深沉的基督情懷。在安徒生的自傳中曾經提到，一位牧師對他說，人們千萬不要把《母親的故事》理解成僅僅是童話故事，他以後會在孩子的葬禮上為悲哀的母親朗讀這個故事，當作悼詞，為悲傷的人帶去安慰。

《墳墓裡的孩子》則是一篇格調更為哀婉的童話。唯一的獨生子死去，母親悲痛欲絕。

（她）摟著他，覺得他已經成了她身體的一部分。她簡直不能想像他已經死了，快要躺進棺材，被埋葬到墳墓裡去。她認為上帝不可能把這個孩子從她的手中搶走，但事情居然發生了，而且成了千真萬確的事實，所以她在劇烈的痛苦中說：「上帝不知道這件事！他的那些在世上的僕人，有的真是沒有一點良心。這些人隨便處理事情，簡直不聽母親們的禱告。」

絕望的母親只得把怨憤之情轉移給上帝的僕人了，然而這和怨恨上帝沒什麼兩樣。母親在痛苦中捨棄了上帝，她想到了死，不再關心塵世間的一切，不再理會同樣傷心的丈夫和女兒。一天夜裡，她獨自起來，走向了孩子的墓地。

死神向她顯形，並讓她看見了自己的孩子，驚喜的母親緊緊地摟抱著孩子，淚如泉湧，但是急於飛走的孩子卻告訴她的母親：「媽媽，現在我可

以飛了！我要跟其他許多幸福的孩子一起飛到上帝那去。我急於想飛走，但是，當你哭著的時候，當你像現在這樣哭著的時候，我就沒有辦法離開你了。我是多麼想飛啊！我可不可以飛走呢？親愛的媽媽，不久你也可以到我這來了！」

孩子的眼中可以看到無數美景，但是母親卻看不見。終於，她明白，滾燙的眼淚並不能帶來任何益處，相反，它牽絆孩子飛向幸福的天國，是該放手了。她含著熱淚，向仁慈的上帝祈禱：「我的上帝！請原諒我曾經想制止一個不滅的靈魂飛走，曾經忘掉了你留給我的對活人的責任！」

《母親的故事》和《墳墓裡的孩子》，應該是安徒生童話中氣氛最壓抑的兩篇故事了。是的，死亡雖然屢見不鮮，卻從來沒有像在這兩篇故事中表現得這樣淒寒、凜冽，因為死亡在人間遭遇了親情，血肉模糊的親情——這是對信念最嚴酷的拷問。對上帝的絕對順服，這是作為一個基督徒最首要的條件，同時也是最難的條件。若以此為標準，恐怕人間夠格的基督徒寥寥無幾，因為人們習慣承受上帝豐盛的慈愛，卻無法承受他偶然的試探。

女子欣然成為母親，乃是出於神的恩典，但恩典並非以一成不變的方式來顯現。當母親失去孩子，並不是指恩典消失，而是因為，這恩典正在以一種更深沉的方式擁有信念，以至於這信念讓基督徒本人的存在「成為一個悖論」「簡直不能讓別人理解」（齊克果語）。

「準確地講，由於棄絕在先，信仰不是美學的感情，而是某種高得多的東西；它不是內心的自發衝動，而是存在的悖論。」（齊克果語）鮮有人像亞伯拉罕那樣，懷著巨大信念和無可言說的痛苦，以棄絕一切的勇氣，將唯一的獨生子以撒獻祭給上帝。因為我們沒有那樣的信念，沒有那種「無限棄絕」的勇氣。

齊克果描述了自己高度推崇的「信仰騎士」的狀態：「他無盡地放棄了作為他生活實質的愛，而在痛苦中得到調解……不管怎樣，我相信我會到達此地；憑著荒誕，憑著對上帝而言一切皆有可能的事實，我相信我會到達此地……在實施棄絕行動的一剎那，這種擁有是一種放棄……這種擁有並非荒誕；因為，由於堅持在其所支配的有限世界中，這種擁有是一種不可能性。」

当母親最終明白上帝的意志，收起哀傷的淚水，回歸到普通的日常之時，她正像那位「信仰騎士」一樣，在無限的棄絕中擁有了信念。齊克果曾經嘲笑安徒生，說他的童話總是「哭哭啼啼」的，但是，難道他沒有想過，安徒生正和他一樣，在用自己天賦的恩賜講述上帝的公義和慈愛麼？一個像安徒生這樣的出身，卻又永遠忠實於自己，沐浴上帝之愛如同呼吸的人，幾乎無法做到背叛過去。他告訴孩子們和成年人：「所有這些歡欣充溢過的眼睛，這些淚水洗滌過的心靈，都在我的童話裡傾聽上帝的聲音。」

《賣火柴的小女孩》引發的一場血案——基督情懷與意識形態的交戰

在這裡似乎不得不提那篇著名的童話《賣火柴的小女孩》。寒冷和飢餓一向是死亡的前奏，飢寒交迫原是窮人們最不能承受之重。或許，當這個沒有名字的女孩，赤腳出現在冰冷的街頭時，讀者已經預知了她的結局⋯⋯

鬈曲的金髮、凍紅的小腳、破舊的圍裙，她如此年幼，如此美好，卻已經被生活剝奪到幾乎一無所有。這可憐的小人，甚至並不打算回家，因為家裡不比街上暖和，而且還有父親的毒打——她沒有賣掉一盒火柴，也沒有人給她一個銅板。

她很冷，想要一點點溫暖，於是她點燃了一根火柴，很好，火柴的微光變成了熊熊燃燒的火爐。

她很餓，想要一點點食物，於是她再度點燃一根火柴，背著叉子的烤鵝蹣跚地朝她走來。

她想要一點點歡樂，像別的孩子那樣在最歡樂的日子裡讚美耶穌基督，於是她點燃了第三根火柴，她看到了一顆非常美麗的聖誕樹。

她想要一點點親情，做一個在祖母膝下承歡的女孩，於是出現了故事中最讓人唏噓的場景：她點燃了第四根火柴，在瀕死的幻覺中看到了老祖母。老祖母的形象寓意著光明、溫暖和對苦難的解脫，小女孩祈求她將自己帶走。

這個看上去似乎不是童話的故事曾經讓年幼的我震驚，震驚於那些安然歡度聖誕節的人們的偽善。是的，那株光芒四射的聖誕樹在我看來是天國對人間的嘲諷，而可悲的是，人們不但不能體察這種嘲諷所指涉的荒唐之處，還興高采烈地參與其中。

賣火柴的小女孩由此被禁錮於絕對的封閉空間之中，她不但被家庭的親情隔絕，也被社會的善心隔絕——「賣不掉一盒火柴，得不到一個銅板」。即使如此，她依然渴望像別人一樣歡度聖誕節，一同讚美上帝。對西方文明而言，聖誕節一向代表神愛與親情的雙重隱喻。所以可以這樣說，她既被屬世的生活棄絕，也被屬靈的生活棄絕，天國和人間，都沒有她的容身之處。

於是，從審美的語境上來說，她非死不可。但是死在這裡不是重點，重點是，上帝的愛在哪裡顯明呢？雖然自詡為基督徒的人並未活出基督徒的樣式，但上帝的慈愛畢竟高遠闊深。在故事的結局，安徒生採用了開放的處理方式，小女孩是真的隨著祖母飛往那沒有寒冷、沒有飢餓的天國去了，還是臨死前的幻覺？安徒生自己好像也無法解答。他同樣無法更多地言喻關於這個小女孩之死帶來的哀戚。

作為一個虔敬的基督徒，安徒生不可能責怪上帝，基督徒總是說：「主啊，凡事按照你的意思，不要按照我的意思來成就。」上帝的安排總是好的，這是他一再強調的真理，但是看上去他又無法說服自己接受這個血肉模糊的事實本身，不然的話，文中不會多次出現貧富對比場景。《賣火柴的小女孩》創作於 1846 年，屬於安徒生童話創作的第二階段，即新的童話。

按照評論者的說法：「其風格由早期的浪漫主義轉為嚴峻的現實主義。」在這裡安徒生安慰讀者，說她和她的祖母「在光明和快樂中飛走了……飛到既沒有寒冷，也沒有飢餓，也沒有憂愁的地方——她們是跟上帝在一起」。但這只是一個希望。真正的「光明和快樂」得自己去創造，上帝是沒有的。小女孩究竟還是死了。事實果然如此麼？先來看童話創作背景。

該作品是安徒生應日曆出版商之約，為日曆上的插圖而作的。這篇童話發表在 1846 年的《丹麥大眾曆書》上。……安徒生在他的手記中寫道：「我在去國外旅行的途中在格洛斯登城堡住了幾天，《賣火柴的小女孩》就是在

蒙恩的童貞：安徒生的秘密花園
第四篇 天國花園——安徒生經典童話作品解析

那裡寫的。我那時候接到出版商拂林齊先生的信，要求我為他的曆書寫一個故事，以配合其中的三幅畫。我選了一個窮苦小女孩拿著一包火柴為畫面的那張畫。」

一旦真正瞭解這個故事的背景，我們就很難用意識形態的理論去解讀這個故事了。如果故事的終極目的是讓人們領悟階級壓迫產生的仇恨，在心中激盪起對被害者的同情，如此苦大仇深，無論如何也不會放在新年的日曆當中。在今天，這篇童話的意義早已超越了童話本身，它帶給我們許多困惑，尤其是信仰和「批判現實主義」的兵刃相接，直接導致美學接受的困難。

因為死亡是如此赤裸裸的真實，以至於人們不敢直視。人們試圖依託自己的文化體系，在某種群體心理學中找到慰藉。中西文明由此產生了不同的死亡審美追求，西方文明推崇「向死而生」，中國認可「未知生，焉知死」，都有著深刻的歷史原因和心理動機。

西方社會以基督教為主流的罪感文化，以靈與肉的分裂、精神的緊張痛苦從而獲得的意念超升，對世俗生命的罪惡感意識，對彼岸的嚮往為重要特徵。此岸短暫，而彼岸永恆。黑格爾曾對此有過相關闡釋：「死卻意味著否定的否定，這就使它轉化為肯定，成為精神從單純的自然性和不適合的有限性之中解放出來的復活。消逝的主體的痛苦和死亡轉化到自己的反面，轉化到欣慰和幸福，轉化到經過和解的肯定性的存在。要達到這種存在，精神就必須脫離否定它自己真實生命的那種存在。」因此，死亡意味著一個人有可能從原罪得到拯救。

「未知生，焉知死」則是一種典型意義的樂感文化，這個句式也很有趣。季路問事鬼神。子曰：「未能事人，焉能事鬼？」曰：「敢問死。」子曰：「未知生，焉知死？」看來夫子是比較煩了，一撇嘴對學生說：「你連生命的意義都沒搞清楚，就問些玄龍門陣有啥意思呢？」人死如燈滅，中國人出於儒釋道三教合一的自然觀，很容易把死亡看作生命的徹底終結，即使有自己的宗教信仰，也往往寄希望於更無常的輪迴之說。這是中國人天賦的感性，是被地域、文化限制的集體無意識。

兩位傑出女性的悲喜人生

拇指姑娘的微觀世界——現代女性勵志新典範

> 生命在他裡頭,這生命就是人的光。光照在黑暗裡,黑暗卻不接受光。
>
> ——約翰福音1:4~5

經過一次次失戀的打擊,孩子們取代女人成為安徒生的寵兒,對童真的膜拜成為他創作童話的直接動機。除此以外,信仰和童話之間關係緊密,一部安徒生的童話集,幾乎就是一部兒童版《聖經》。在樅樹、蕁麻、雛菊、天鵝、人魚等組成的斑斕世界裡,所有美麗生靈都在發出天國的召喚,就像安徒生很喜歡引用耶穌的這句話:

讓孩子們到我這來,因為在天國裡的,都是像他們一樣的人。

孩子們都太小了,他們只能擁有一個小小的角落,甚至角落裡小小的一隅。安徒生自己都恨不得化身一個小人,帶著小朋友們周遊列國,這些神祕的袖珍王國包括廚房裡的老鼠洞、鸛鳥的窩、一朵甜蜜的玫瑰等,在這個被童真充滿的微觀國度裡,拇指姑娘以她獨特的經歷帶給我們難言的溫情和感動。

拇指姑娘,她是一個小小的美女,她在花朵裡誕生,身上一定有異香繚繞;她吃得很少,每天一顆大麥粒就可以讓她飽飽的;而一顆胡桃殼鋪上花瓣就成為她的床。她與世無爭,生活在夢幻的國度。

然而,可愛的她被一隻醜陋的癩蛤蟆劫持了。這癩蛤蟆打算讓她做自己的媳婦,但她並不願意,最終在魚群們的幫助下逃走了。一隻白蝴蝶向她表示過自己的愛慕之情,並牽引著她繼續逃亡。但是好景不長,一隻更為強大的金龜子從天而降,不容分說就搶走了小美女,他覺得她蠻漂亮的。但是金龜子中的女性卻並不如此看待,她們說:「她的腰太細了。呸,她完全像一個人,她是多麼醜啊!」因此,金龜子也不要她了。

從此以後,拇指姑娘開始了越來越艱辛的求生之旅。到後來,她甚至不得不與一隻瞎眼的鼴鼠結婚,唯一的原因是鼴鼠可以為她提供起碼的溫飽。

蒙恩的童貞：安徒生的秘密花園
第四篇 天國花園——安徒生經典童話作品解析

作為交換，她將終身住在黑暗的地洞裡，從此與光明的太陽告別。我們可以想像，在逐漸逼近的寒冷和暮色中，拇指姑娘用纖弱的手掌為自己編織辛酸的嫁衣。「世人不憎惡黑暗，反憎惡那光。」

當小小的拇指姑娘處身黑暗，太陽豐盛的慈愛和恩惠才開始得以彰顯。她開始懷念陽光下的一切，儘管這記憶已經單薄脆弱如同白蝴蝶的觸鬚。很奇怪，當我們一無所有的時候，陽光會成為唯一的美和寄託：一切享樂、歡娛、滿足都比不上此刻的一縷陽光讓我們更懂得現世的幸福。

陽光意味著無限的給予和施捨，並且能讓生命呈現最美的質感和姿態。安徒生的童話中，冷是生命不能承受之重；反之，陽光如同恩典，最樸素而最珍貴，卻最不易被人察覺。另一位也叫安徒生（M.Anderson）的現代詩人，以哲學家的睿智眼眸，在陽光中看到了人之本體對全面完整的人之處境的認識：

我們從歡樂收取雙重的疾患，發明邪惡的幻想，可恥的懷疑，盡情放縱，夜間奢侈，淪於瘋狂，再難折回。我們何以至此？剝光微妙的複雜，誰能眼望太陽心無畏懼？它使我們免於沉思，是唯一的避難所，使我們免於平淡無奇。誰願從昏睡中爬出，在陽光之下束手無策？曖昧的恐懼豈能有如此確切？就如最刺眼的恐懼之絕望——如果我們想要明白：我們至深的願望是多麼簡單，要活著，是多麼痛苦，多麼艱難。

誰能眼望太陽心無畏懼？誰能仰望星空心無畏懼？沒有，一個也沒有。

現在婚禮就要舉行了。鼴鼠已經來迎接拇指姑娘了。她得跟他生活在一起，住在深深的地底下，永遠也不能到溫暖的陽光中來，因為他不喜歡太陽。這個可憐的小姑娘現在感到非常難過，因為她現在不得不向那光耀的太陽告別，而當她跟田鼠住在一起的時候，她還能得到許可在門口望一眼。

對女性而言，太陽是精神世界的象徵和隱喻，與太陽告別即意味著對獨立個體的放棄，具體的載體是婚姻和性。相比於男人，女人更容易在婚姻關係中服從生物性繁衍後代的角色。換言之，女人婚前具有的獨特人格和稟賦在婚姻和性的關係中被摧毀，而成為一種依附，一種寄生於丈夫及其家庭的

次等生物。事實上,對於一個具有完整精神世界的女性而言,透過婚姻這種最普遍的生存方式放棄自我和進入人群之後,任何一位丈夫本質上都是那隻瞎眼的鼴鼠。

但這是童話——拇指姑娘比小美人魚幸福得多,最後她得到一個足堪與自己匹配的花中王子,並且成了王后。所以,這個故事也不妨被看作一篇非常優秀的女性勵志作品,尤其是在當下,在珠聯璧合、郎才女貌這種古典的愛情價值觀已經被徹底搗毀的前提下,多少女孩子願意堅守,願意等待,願意忍受青春韶華默然無聲地流逝,只為一個可能出現的王子?絕大部分乾淨俐落地選擇了瞎眼鼴鼠,因為我們都喜歡「現世安穩」,就連張愛玲也不能例外。

除了哲學家,鮮有普通人去深入生活的本質,因為一旦深入,才發現所謂的愛情、道德,都只不過是趨利避害的假象,在巨大的人格謊言之中,人人都滿足於畫地為牢、自立為王,而這正是精神疾病的必然前提。如果我們的生命只有恐懼而沒有嚮往,如果我們安於平庸的日常,而從不抬頭仰望星空和太陽,那麼,我們將永遠也不能理解自己被造的意義——因為我們甚至不認識那位造物主。

安徒生在《拇指姑娘》中酣暢淋漓地表達了對陽光的迷戀,陽光必然伴隨著光明和溫暖,也寓意著生命的誕生或者復甦。每一個黑暗裡的希望都如同那地道裡的燕子死而復生。那可憐的,被凍僵了的燕子,像一個忽然出現的、凝固的符號,觸動了小姑娘的柔情。終於,溫暖和愛讓他甦醒,而他則對可愛的姑娘回報以最珍貴的陽光和自由……然後,獨自咀嚼失落的愛情。

《拇指姑娘》是安徒生第二本童話集中的名篇,他當時 31 歲左右,已經經歷了數次戀愛失敗,他愛慕的女孩無一例外地拒絕了他。25 歲時,他曾經對親愛的上帝熱烈地祈禱:「求你賜給我一個新娘。」但現在,他已經到了而立之年,接二連三的失敗讓他對自己的愛情之路心生怯意。不過即使如此,得到一個鼴鼠一般的新娘對他而言依然是比無望更深刻的絕望。

仔細閱讀《拇指姑娘》,那個黑暗的地下洞穴營造的氣氛事實上是令人不寒而慄的。安徒生不但自己拒絕,也讓自己的主人翁拒絕這間安全、富足

而黑暗的牢獄。可以說，安徒生在用自己成年後的整個人生與世俗的愛情觀做著殊死鬥爭。最後，他失敗了，但人們忘記了那些發生在作家身上的愛情故事，卻不會忘記那些在他的童話裡不朽的女性。他雖敗猶榮！

海的女兒──童話愛情裡至深的哀慟

哀慟的人有福了，因為他們必得安慰。

──馬太福音 5：4

按照佛洛伊德的理論，性意識甚至性活動遠在我們還是嬰兒之時，幾乎生而有之。所以即使是給小孩子寫的故事，童話裡的愛情從來也是悅人耳目的。這些王子和公主的故事總是一路泥濘而最終柳暗花明。翻翻那些我們耳熟能詳的童話吧，你會發現，沒有任何一位女主人翁的形象可以和小美人魚媲美──沒有任何一個女子可以將自己獻祭給愛情，更遑論更高的境界──她幾乎不像生活在童話中，假如真相必須如此，那麼，她必然生活在安徒生的童話中……

《海的女兒》是安徒生創作的篇幅最長的童話，當時他的情況喜憂參半，出版的第一個童話集飽受批評，而且這些批評的話語愚蠢，無聊，不可理喻。比如一個評論者認為：「《豌豆公主》不僅不夠精緻，而且孩子們可能會得出這樣錯誤的看法：一個貴族婦女的皮膚竟然嬌嫩得這麼可怕。這是不能原諒的。」但是「那些童話如此生動，他們壓迫著我，讓我不能罷手」。而在不久後的第三集中，《海的女兒》讓安徒生的童話徹底改善了處境。

這篇童話在某種意義上可以看作是一個續篇。1834 年，他在旅行途中創作的《奧奈特與人魚》正是它的前奏。當父母離開，那些可愛的小美人魚怎麼辦呢？她們也要經歷成長，經歷愛情，她們的結局會怎樣呢？

小美人魚的形象在波濤洶湧的海面怒放。這個具有特異之美的海底精靈集中體現了安徒生高度推崇的至美。她如此動人，以至於讓人懷疑她的原型甚至不可能來自一位人間的女子。安徒生在自己 28 歲的時候，開始了義大利之旅，除了美麗的自然風光，那些充滿了人文精神的藝術之美更是讓他流

連忘返。正是在佛羅倫薩美術館，他邂逅了愛神——一尊無比美麗的雕像，她就是著名的《梅迪奇的維納斯》，詩人被美震撼了。

青春永駐的她，從大海那又白又輕的泡沫中緩緩升起，那美啊，只有上帝能想像；後一代人把前一代人埋葬，但是，愛是永遠不會死掉的，女神永遠活著！

這尊美麗的雕像完全有可能是幾年後「小美人魚」的真正原型，遠在詩人之先，上帝就賦予了小美人魚不滅的靈魂和永存的美麗。

安徒生將自己無可言說的內心世界投射給了小美人魚。那時，他正經歷著一場注定無望的愛情。「在海的遠處，水是那麼藍，像是最美麗的矢車菊花瓣。」以花喻水，不管是東方還是西方的讀者看來都顯得風味別緻。安徒生以柔情的述說開啟了神祕的海底世界。水是女人的隱喻，也代表著變化或轉換，那麼，這個海的女兒中最小也最美麗的那一位，到底渴望一個什麼形式的轉變呢？

她救了一位沉船的王子然後愛上了他，從此開始渴望得到他的回應並「分得一個不滅的靈魂」。愛情在這裡，對小美人魚而言除了男女之愛，還負擔著更重要的使命——引渡，從低等生物到高等生物的引渡，從此岸到彼岸的引渡——不滅的靈魂意味著可以獲得上帝之愛的垂青，而作為一個人魚，她還欠缺了那麼一點點，但是，只要她被愛，美夢就會成真。

不得不說，小美人魚具有一切偉大人物的共同稟賦，那就是對自身命運的敏銳直覺，這是一種先於眾人的警醒。當其他的姐妹還在慈愛的老祖母的膝下承歡，在自己的花園中侍弄花草，在五彩斑斕的海底王國安然享受三百年的歡樂時光時，她已經如此悲哀地意識到自己只是一個沒有靈魂的低等生物。

她的海底花園布置得像一個太陽，而且，她只栽種像太陽一樣的花朵。這些大大小小的「太陽」如同散落的天梯，她已經在攀緣的途中。她的身體裡住著阿尼姆斯，她只要正能量，而這一切的起源只是一種黯然無聲的情愫。

可以說，王子是她偷吃的禁果，她因著對王子的愛情而有了自我意識，因自我的覺醒之後便開始了尋愛之路，而尋愛之路即是受難之始。

受難的形象，歷來在各種文學作品中層出不窮，但很少有小美人魚這樣，能引起我們內心深處如此劇烈的痛悼和憐惜。與其說，她是為了愛情而獻祭，不如說，她是為了成為人類而將自己獻上了祭台。

為了出現在王子面前，她獻上自己天籟般的聲音而換得一個人形；為了得到王子的愛戀，她用在刀尖上行走的劇痛換來「輕盈得如同一個泡沫」的舞姿……所有的痛苦她都甘願承受，而所有的痛苦無可言說……

無可言說，對小美人魚而言是一個悖論。安徒生在這裡已經預告了悲劇的結尾，捨棄聲音是為了得到王子的愛，而無可言說意味著真相永不得昭顯，即使她那麼美，無須言說也可以虜獲王子的心。她決然割捨一切自己所有的，只為那渺茫的希望。而這希望在她不斷地自我割捨中也就具備了令人顫抖的，幾乎是宗教般的意味。

於是，我們明白，她要的不僅僅是愛情，而在愛情之上。小美人魚只能在心中默默地向親愛的上帝禱告了，正如《羅馬書》所說的：「我們的軟弱有聖靈幫助，我們本不曉得當怎樣禱告，只是聖靈親自用說不出來的嘆息替我們禱告。」

公主的出現打破了她的美夢，王子誤以為這位異國的公主是自己（唯一）的救命恩人，小美人魚一下子淪為尷尬的舞姬或者侍女，更可怕的是，她即將化為海上的泡沫。本為尋找永生而來，卻落得個「形神俱滅」。小美人魚是沒有靈魂的，但是，因為她已經有了自我意識，已經產生了對不滅靈魂的強烈渴求，在這個意義上，一旦王子與別人結婚，對小美人魚而言，這種渴求的終結勢將比身體湮滅更徹底。

所以我認為，小美人魚是懷著最決絕的絕望去赴死的，也正如此，她的選擇才這樣驚心動魄，以至於讓我們每一個人都無法輕看自己，又無法不省察自己：我們，真的是萬物的靈長麼？真的值得這樣一個至真、至純、至善

的生命不惜形神俱滅來獲取麼?在我們生而有罪的同時,是否也意識到自己生而有之的恩典:我們是神的被造物,神所喜悅的。

美人魚雕塑,由愛德華 · 艾瑞克森(1776年—1859年)創作,美人魚的形象是以他的妻子愛琳為模特的。

小美人魚的形象很容易讓人聯想到她的作者——安徒生,特別是當她陷入情網而得不到回應時,其纖毫畢現的心理描寫令人驚嘆——那只能出自一個有過同樣經歷的傷心人之手!至於作者和主人翁之間性別的差異,根本就不是問題,文學的敘述從來無視其存在。更何況,安徒生作品中所流露的強烈的女性意識早在《奧奈特與人魚》之時就已經初露端倪。

齊克果以自己天才的直覺發現了這一點,肆意挖苦他為「一棵雌雄同體的花」。小美人魚不但代表了安徒生童話的最高成就,也代表了丹麥。那位海港邊憂傷的美人魚發出的默然無聲的哀歌,如同天父的召喚,昔在,今在,永在。她後來當然得到了一個不滅的靈魂,並且最終能到天國裡去。她不但因著自己的善行,也因著上帝的眷顧,而成為一個不死的幻想。

病與罪、信靠與救贖

《銅豬》和《醜小鴨》的自傳性隱喻——一種出身的兩種結局

在哥本哈根郊區腓特烈堡的貝克胡斯博物館裡，有一個不起眼的展示櫃，櫃中陳列著一張紙片。漢斯·克里斯汀·安徒生用幾乎難以辨認的草體在紙片上列出了「那些名字結尾帶有『sen』的聰明人」，講述了早年自己如何增強自信和自己的成名之夢。這些名字非常顯眼，他自己的名字排在第三位，在奧登斯主教馬爾斯克·斯蒂格·安徒生和詹斯·安徒生·貝亞德納克之後。

在丹麥，「安徒生」這個名字不論是過去還是現在都是極為普通的名字，因此它並不代表任何新奇之意或高貴血統。在很小的時候，漢斯·克里斯汀·安徒生就意識到自己是多麼的與眾不同，他多麼渴望能把自己童年的社會背景拋諸身後。因此，對於一個像他這樣的人來說，「安徒生」這個名字似乎是個恥辱。正是現實和環境的不斷暗示，使這位作家不可能逃出自己的出身環境，即使他在自己的許多作品中曾竭力嘗試，可仍是如此。

安徒生的一生，對任何人來說都足以成為勵志教材。是的，他是一個天才，但在那樣的時代，以他那樣的出身，稟賦相當的天才們甚至往往活不到成年，更遑論以詩文兼濟天下。還記得《銅豬》的故事麼？天真無邪的孩子讓銅豬獲得了奔跑的力量，並馱著他奔向了教堂。而銅豬則提供了這樣一種可能——貧窮的孩子無意中被藝術之手撫摸。這樣的撫摸及其動情，因為一切並非無意，而是生命內在的驅動和召喚，或者說，是天才生而有之的使命感讓他主動要求承受這樣的撫摸。

當銅豬馱著孩子見證了那些人類按照自己形象創造出來的，又遠遠超越了自身的傑作忽然變活的一刻，我相信，那孩子的靈魂裡一定有什麼東西被驚動。

《羅馬街頭男孩》這個男孩的原型可能和《銅豬》的主角相似

安徒生動情地描述了這種驚動：

這孩子在這種壯觀面前感到驚奇。牆上射出種種的光彩，一切都有生命，都能動作。維納斯——現世的維納斯像——豐滿而又熱情，正如提香見到她時一樣，顯出雙重的形象。這真是一種奇觀。這兩個美麗女人的畫像：她們嬌美的裸著的肢體伸在柔軟的墊子上；她們的胸脯在起伏地動著，頭也在動著，弄得濃密鬈髮垂到柔軟的肩上；同時那一雙雙烏黑的眼睛表示出她們熾熱的內心。……這些神聖的畫像已經不再是畫像了，它們就是神本身。

孩子由於討不到東西被母親掃地出門，他飢渴交加，暈了過去，後來被一對還算好心的老夫婦收留，並學習做手套。有一次，當孩子觀察了鄰居畫家的繪畫過程後，開始對藝術燃燒起強烈的熱情，他在紙上瘋狂地描繪著自己腦海中的一切事物，這個舉動導致他「走火入魔」，再次被攆走，而畫家收留了他。

事情看上去好像有了轉機，其實不然，等待孩子的最終結局依然是夭折，雖然留下了少許的畫作，雖然有善感的人為他灑上幾滴清淚，但那有什麼意義？他將很快被遺忘，就像他從來不曾擁有繪畫的天才，就像他從來不曾存在。

如果沒有對上帝的信靠,那麼,這個孩子就是安徒生一生的縮影。上帝的愛是絕對的,所以信靠也必然絕對,絕對順服,絕對信賴,絕對到無法用理性去判斷,因為只有在這樣的信靠中,人才能心悅誠服地跪拜在上帝面前,並徹底放棄自己,也只有如此,人才得以走進上帝應許的「迦南之地」——「流著奶和蜜的地方」,去完成自己。

正是因為對上帝的信靠,安徒生的生命出現了另一種結局——《醜小鴨》,以悲劇開頭,而以喜劇收場。

醜小鴨是在他39歲時完成的作品,傳誦度極高的名篇。小鴨長得又大又醜,因此倍受打擊,經過一系列歷險和無數冷嘲熱諷,他對自己已經完全沒有信心。有一天,當他無意中窺見天鵝的美好姿容時,心生愛慕,希望這種美麗的鳥能把自己啄死。

但是,當他在湖水中引頸受死時,看見了什麼呢?一隻天鵝,而且在孩子們看來,還是「最年輕最美麗」的一隻天鵝!他已經蛻掉醜陋的外殼,回歸到高貴優雅的身份中來了。

請注意,醜小鴨的本質是天鵝而不是鴨,所以故事告訴我們:「只要你曾經在一顆天鵝蛋裡待過,就算出生在養鴨場裡也沒什麼關係。」安徒生經過艱辛的成長,終於讓延續三代的家族童話美夢成真。而小鴨最初的一切可笑之處也都成為上帝的祝福,就像安徒生本人一樣。

《醜小鴨》問世之後,很快傳遍了整個歐洲大陸,人們被這種迷人的言說方式徹底征服了,一個成年人坎坷的生平,怎麼可以在一隻小動物身上表現得如此完整,如此完美?醜小鴨的遭遇如此貼近作者本人,以至於這個故事很快就成為安徒生最出名的自傳了。

但是《醜小鴨》和《銅豬》的主人翁面臨的生存困境並不一樣,小鴨主要遭遇精神上的折磨和打擊,而小男孩一直為溫飽問題苦苦掙扎。但我們並不能就此說,《醜小鴨》屬於理想主義,而《銅豬》則屬於現實主義,單一的反映論模式並不能為言說打開方便之門。

他們是安徒生的兩種生存情態以及兩種人生結局，就此而言，安徒生的一生確實比他的童話更像童話。

《安琪兒》《跛子》等篇章中的病與罪——「同體大病」或者「同體大救」

　　這就如罪是從一人入了世界，死又是從罪來的；於是死就臨到眾人，因為眾人都犯了罪。

——羅馬書5：12

　　只要有一個好孩子死去，就有一個上帝的天使飛到世界上來。他把死去的孩子抱在懷裡，展開他的白色的大翅膀，在孩子生前喜愛的地方飛翔。他摘下一大把花，把它們帶到天上去，好叫它們開得比在人間更美麗。仁慈的上帝把這些花緊緊地摟在自己的胸前，但是他只吻那棵他認為最可愛的花。這棵花於是就有了聲音，能跟大家一起唱著幸福的頌歌。

　　安徒生的大量童話中都出現了這樣一種類型的主人翁：生病的孩子和病得快死的孩子，他們都非常羸弱，幾乎無法占領喧囂世界的一角。然而，安徒生卻不惜傾盡筆墨，精心描繪病孩子的小小天堂。

　　他們的天堂比健康的孩子更令人動容。雖然安徒生沒有機會，也不可能表明自己是一個存在主義的擁護者，但是當他站在人性和神性的結合之處，以那顆始終未染塵埃的童心觀察這個世界之時，卻在無意中達到了和齊克果類似的精神境界。

　　這些病孩子也是上帝恩賜，被鸛鳥小心翼翼地用嘴巴銜來的，他們羸弱、無助，卻擁有豌豆之上的整個世界。安徒生迷醉於這個世界，並用文字讓它散發異彩。是的，個體的感覺如此重要，安徒生甚至不惜與當時的整個丹麥文壇為敵。

　　如果說，早年的安徒生是因為語法、拼寫等方面的障礙成為別人的笑柄，當他一舉成名以後，其自由、別緻而充滿個人化的表達對當時的丹麥文壇則是一種公然的挑釁。他沒有齊克果那種強大的意志力來反叛世俗，相反，他

渴望進入人群，這種敵對狀態讓他痛苦不堪。但是，即使如此，他依然與他們為敵。這個時候，他不但表現出童年固有的那種勇氣，他反對海貝格，自然也反對海貝格擁護的黑格爾體系，這是他成年後最值得褒獎的壯舉。

黑格爾的歷史懷疑論對安徒生來說是不可理喻的：如果一篇文字沒有變成鉛字或者公開出版，它就等於從來沒有存在過。這種以時代或者整體之名對個體的剝奪總是有著非常美妙的說辭，然而它冰冷、堅硬，像空前龐大的機器，沒有人性的氣息。齊克果、叔本華、尼采……從某個角度來說，這些強調個體感知的哲學家幾乎是被黑格爾成全的。

安徒生的父親，那位具有詩人氣質的鞋匠正是被一種拿破崙式的英雄主義感召而投身軍隊，卻因此而拖垮了身體以致喪命。很難說，這不曾對安徒生的心理帶來一些投射。

然而，強調個體的感知並不代表從人類整體中逃逸，總有一些東西讓人類緊密相連，比如病痛，比如災難，比如愛。由此才有了「同體大病」和「同體大愛」之說（相關概念見林和生《悲壯的還鄉——精神家園憂思錄》）。

疾病是死亡的隱喻，在癌症空前大爆發的今天，疾病已經不是隱喻而是死亡的前奏。每一位癌症患者以自己的必死之軀為人類整體獻祭。英國玄學派大詩人、倫敦聖保羅大教堂主教約翰·多恩於公元1623年的禱告，在今天更顯示其振聾發聵的普世價值：

沒有人是自成一體、與世隔絕的孤島，每一個人都是廣袤大陸的一部分。如果海浪沖掉了一塊岩石，歐洲就減少。如同一個海岬失掉一角，如同你的朋友或者你自己的領地失掉一塊。每個人的死亡都是我的哀傷，因為我是人類的一員。所以，不要問喪鐘為誰而鳴，它就為你敲響！

充滿人形的剪影（安徒生著名的素描）

「每個人的死亡都是我的哀傷！」如果沒有「同體大愛」的情懷，那麼即使陷入「同體大病」的絕境，也無法讓悖逆的我們幡然醒悟。所以，我們應該為當下痛哭：那些死去的人，是代我們赴死；生病的人，是為我們而患病。既然，每一個生病的人已經是我們的隱痛了，那麼生病的孩子，就應該成為我們的劇痛。

安徒生描寫過許多生病的孩子，有的還活著，有的已經死去。我們最難忘的形象是《安琪兒》中那個可憐的孩子。他生前是一個生病的窮孩子，住在地下室裡，從很小的時候就一直躺在床上。有一年春天，鄰居的小孩送給他一朵還帶著根的花。

他為它澆水，照料它，儘量使它得到射進這扇低矮的窗子裡來的每一線陽光。這朵花常常來到他的夢裡，因為它為他開出了花，為他散發出香氣，使他的眼睛得到快感。當上帝召他去的時候，他在死神面前最後要看的東西就是這棵花。

在一個病孩子的眼中，世界都比不上這一朵野花重要——這就是個體之所以成為個體的原因。

蒙恩的童貞：安徒生的秘密花園
第四篇 天國花園——安徒生經典童話作品解析

安徒生對弱小生命的刻畫是驚人的，同樣，在《一顆豆莢的五粒豆》中，也出現了這樣一個病孩子。

在這個小小的頂樓裡住著一個窮苦的女人。她白天到外面去擦爐子，鋸木材，做許多類似的粗活，因為她很強壯，而且也很勤儉，不過她仍然很窮。她有一個發育不全的獨生女兒，躺在她這頂樓上的家裡。她的身體非常柔弱，在床上躺了一整年，看樣子她既活不下去，也死不了。

很偶然的，一顆小小的豆莢彈到這個病孩子的窗前，它剛好藏身在有一點點土壤的縫隙裡，後來慢慢發芽，長成一株美麗的植物。這個豌豆苗對病孩子而言意味著一個花園，母親非常高興，她說：「我幸福的孩子，上帝親自種下這棵豌豆，叫它長得茂茂盛盛的，成為你我的希望和快樂！」

她照料它，呵護它，為它綻放第一朵花而欣喜不已，最終使自己也獲得了健康——請相信，這完全是可能的。「頂樓窗子旁那個年輕的女孩子，她臉上射出健康的光彩，她的眼睛發著亮光，正在豌豆花上面合著她的一雙小手感謝上帝。」

這是一種淚盈盈的救贖：孩子的病並非偶然，而是人類「同體大罪」中之一員，同樣，這豌豆苗的意義也非同凡響，她的每一片葉子，每一根莖鬚，每一朵小花都在述說上帝之愛的無處不在。所以，對豌豆苗的照料可以看作人類和上帝關係的修復，最終，上帝寬恕了他的孩子，孩子在愛中得救。這樣的故事在安徒生的其他童話裡也能找到呼應。比如，後期的《跛子》，主人翁叫漢斯，和安徒生的名字一樣！他被人視作一個廢物，包括爸爸媽媽，因為他是一個病孩子。

他很小的時候，是非常聰明活潑的。不過後來，正如人們所說的那樣，他的腿子忽然軟了。他既不能走路，也不能站穩。他躺在床上已經有五年了。

在聖誕節的時候，他得到一件禮物——一本好看的故事書，正是它讓漢斯的命運逐漸得到改變。這本書有兩個頂好玩的故事，其中之一是這樣的：受苦的人們抱怨著自己的祖先亞當和夏娃，不該應為好奇偷吃禁果，如果換

作自己的話絕對不會那樣幹的，於是，他們受到試探，但結果和他們祖先一樣。這個故事意味深長。

漢斯經常為父母閱讀這個故事，樂此不疲。有一次因為想保護被貓盯上的小鳥，漢斯在情急之下尖叫了一聲，他感到身體裡有一種震動。這時，他也顧不了什麼了，就從床上跳下來，向衣櫃跑過去，把籠子一把抓住——鳥已經嚇壞了。他手裡拿著籠子，跑出門外，一直向大路上跑去。

這時，眼淚從他的眼睛裡流出來了。他喜得發狂，高聲地喊：「我能走路了！我能走路了！」他現在恢復他的健康了。這種事情是不可能發生的，而現在卻在他身上發生了——他成了一個健康的孩子，並且最終得到別人的幫助，成了一名大學生。

漢斯身上，明顯有安徒生自己的影子，他說明了一個道理：認罪即得救。

佛洛伊德認為，病痛往往是逃避現實困境的最有效的方式。孩子本來就是極其軟弱無助的個體，而他們卻為悖逆的全體人類擔負罪責。除了生病，他們再也找不到合適的方式來承擔這一切了。看，每一個病孩子身上都具有強大的愛心和天使般的純潔，他們遭遇病痛如同遭遇恩典，在人類「同體大罪」的洪荒之中，將自己獻祭給上帝……

從這個意義上來說，所有的病孩子都在效仿耶穌，只有他們的血，能讓罪惡潔淨。安徒生善於刻畫孩子的自私和殘忍，但在他的筆下，病孩子的世界比一個健康的孩子更有童真的樣式，他們有愛，有憐惜，有同情。最終，他們得救或者到天國裡去。病是罪的隱喻，但唯有病，才帶來救贖的可能。一個生病的孩子確然是最後的警鐘了。

在現代文明充斥的形形色色的致死之症中，要麼「同體大救」，要麼「同體大死」，每一個單獨的個體都沒有逃逸的可能。然而，沒有人願意陷入那比死亡更黯沉無邊的黑暗，每個人都在靈魂深處，甚至無意識深處渴望得到救贖。既然如此，那麼，在「同體大死」的噩夢降臨人間以前，請俯身認罪。

請不要嘲笑這些病孩子吧，我們透過他們而接近上帝。

蒙恩的童貞:安徒生的秘密花園
安徒生年表

安徒生年表

1805 年 出生在奧登斯一個鞋匠家庭。

1816 年 父親因參軍拖垮了身體，在這一年過世。

1818 年 母親改嫁，和一個年輕鞋匠結婚。

1819 年 9 月 5 日獨自離家到哥本哈根，開始了流浪漢生涯。

1822 年 8 月發表作品《嘗試集》，包括詩劇及故事共三篇。此作品集因其出身寒微而無出版機會，但已引起文化界某些人士的注意。10 月，進入中等教會學校補習文化，共讀六年，對其教育方式感到痛苦不已。不過這六年中大量閱讀名家作品，也練習創作詩篇、歌劇。

1827 年 離開學校回到哥本哈根。發表詩歌，受到「上流社會」評論家稱讚，鼓起安徒生對寫作的信心。

1828 年 經過六年的努力，他在這一年通過考試並成為一名哥本哈根大學的學生。

1829 年 自費出版了霍夫曼式小說《從皇家島運河漫步到阿瑪奧東端》，第一版銷售一空。出版商賴策爾立刻以優厚條件買下第二版，接著是第三版。賴策爾後來一直是安徒生作品的出版者。4 月創作的喜劇《在尼古拉耶夫塔上的愛情》在皇家劇院上演。聖誕節前，出版第一本詩集。

1830 年 乘坐「丹尼亞」號汽輪開始旅行，主要是日德蘭島。與莉葆初戀失敗後繼續旅行，第一次來到國外旅行，包括呂貝克和漢堡，這次經歷讓他寫下了《哈茨山河薩克森瑞士旅行剪影》。喜歡上海涅的詩歌。第二本詩集出版。

1830 年年末至 1831 年年初 國內的文學評論界有了一些攻擊安徒生的聲音，讓他很難受。新出版的詩集評價一般。

1832 年 愛上了科林的小女兒露易絲，但是在科林家人的阻止下很快結束了。

蒙恩的童貞：安徒生的秘密花園
安徒生年表

1833 年 安徒生獲得一筆皇家津貼，離開了丹麥，開始了為期兩年的國外旅行，包括德國、法國、瑞士、義大利等。這時，他還需要丹麥名流的舉薦信，才能獲得見名流人士的機會。

1834 年 完成了詩劇《奧奈特與人魚》，得到的評價非常惡劣。

1835 年 出版長篇小說《即興詩人》，受到熱烈歡迎，並開始寫童話。1835 年出版第一本童話集，僅 61 頁的小冊子，內含《賣火柴的女孩》《小克勞斯和大克勞斯》《豌豆公主》《小意達的花》共四篇。作品並未獲得一致好評，甚至有人認為他沒有寫童話的天分，建議他放棄，但安徒生說：「這才是我不朽的工作呢！」

1836 年 出版長篇小說《奧托》，《講給孩子們聽的童話故事》第二集出版。評論界依然是一片挖苦聲。

1837 年 安徒生出版了第三本童話集，包括《國王的新衣》和《海的女兒》；發表長篇小說《不過是個提琴手》。

1838 年 得到國王賜予的每年 400 元的津貼，他自稱自己 34 歲後才算進入青年時代，童年結束。

1839 年 愛上一位瑞典貴族的女兒馬蒂爾德，她給安徒生的一封信陰差陽錯地過了三年才送到安徒生手中，又是一段有緣無分的愛情。

1839 年至 1840 年 安徒生寫了幾部輕歌舞劇劇本，其中《白黑人混血兒》大受歡迎。

1840 年至 1842 年 安徒生再次出國旅行，回國後發表了《一個詩人的集市》，這是他所有遊記中最出色的一部。

1840 年 與瑞典歌星珍妮‧林德相遇，展開追求。

1843 年 瑞典國王授予他金質「服務勳章」。《新童話故事》第一卷第一部分出版，這本書獲得巨大成功，安徒生被認為是第一流的童話作家。

1844 年 寫出自傳性作品《醜小鴨》。

1844 年至 1848 年 安徒生又開始旅行，他在歐洲大陸的聲譽如日中天，獲得皇室和貴族的歡迎，與魏瑪大公相交甚厚。發表小說《兩個男爵夫人》，第一部自傳《我的童話人生》。

1846 年 寫出《賣火柴的小女孩》。普魯士國王威廉四世授予他三級紅鷹騎士勳章。

1848 年 瑞典國王授予他瑞典北極星騎士勳章。同月，魏瑪大公授予他十字騎士勳章。

1850 年 歐侖施萊厄去世，此前他曾經贈送給安徒生一枚象徵詩人榮譽的北極熊勳章。

1851 年 已經退離公職的約納斯·科林舉辦了從政五十週年大慶，安徒生作為家庭的一分子也參與了。

1853 年 二十二卷的《安徒生作品集》在丹麥開始出版。

1859 年 巴伐利亞國王馬克西米利安二世授予安徒生馬克西米利安科學暨文學獎章。

1860 年 發表《沙丘上的故事》。

1861 年 安徒生的再生之父約納斯·科林去世，安徒生當時正在國外旅遊，接到消息後非常悲痛，他為科林所作悼詞的最後一節是：「家中火爐的火燃盡了／現在悲傷籠罩著全家人相聚的大廳／你對耶穌的渴望把你帶到了上帝那裡／這裡的骨灰一把——彼岸生活的火焰！」

1867 年 被故鄉奧登斯選為榮譽市民，被丹麥國王封為政務參事。

1868 年 發表童話《樹精》。

1869 年 丹麥國王授予他二級高級騎士國旗勳章。

1870 年 出版晚期最長一篇作品《幸運的貝兒》，共七萬餘字。是以他自己的生活感受為基礎寫成的，但不完全是自傳。

1871 年 瑞典國王卡爾十五世授予他高級騎士十字勳章與綬帶。

1871 年至 1873 年 為《我生命的童話故事》做了增補。

1872 年 他病得很重，但在 1873 年他不顧身體虛弱，做了最後一次出國旅行，回到丹麥後身體一直沒有起色。

1874 年 被丹麥國王封為國務參事，授予一級高級騎士國旗勳章。

1875 年 8 月 4 日上午 11 時，因肝癌逝世於朋友的鄉間別墅。喪禮備極哀榮，享年 70 歲。

1895 年 安徒生被授予無上榮耀的「馬克西米利安科學暨藝術獎章」。該獎項一向只頒給德國人，而德國和德國人民都希望為安徒生破例。

病與罪、信靠與救贖

國家圖書館出版品預行編目（CIP）資料

蒙恩的童貞：安徒生的秘密花園 / 岳趙 著. -- 第一版.
-- 臺北市：崧燁文化, 2019.07
　　　面；　公分
POD 版

ISBN 978-957-681-891-2(平裝)

1. 安徒生 (Andersen, Hans Christian, 1805-1875) 2. 傳記 3. 文學評論

784.738　　　　　　　　　　　　　　　　108010164

書　　名：蒙恩的童貞：安徒生的秘密花園
作　　者：岳趙 著
發 行 人：黃振庭
出 版 者：崧燁文化事業有限公司
發 行 者：崧燁文化事業有限公司
E - m a i l：sonbookservice@gmail.com
粉 絲 頁：　　　　網　址：
地　　址：台北市中正區重慶南路一段六十一號八樓 815 室
8F.-815, No.61, Sec. 1, Chongqing S. Rd., Zhongzheng
Dist., Taipei City 100, Taiwan (R.O.C.)
電　　話：(02)2370-3310　傳　真：(02) 2370-3210
總 經 銷：紅螞蟻圖書有限公司
地　　址：台北市內湖區舊宗路二段 121 巷 19 號
電　　話：02-2795-3656　傳真：02-2795-4100　　網址：
印　　刷：京峯彩色印刷有限公司（京峰數位）
　本書版權為西南師範大學出版社所有授權崧博出版事業股份有限公司獨家發行
　電子書及繁體書繁體字版。若有其他相關權利及授權需求請與本公司聯繫。

定　　價：320 元
發行日期：2019 年 07 月第一版
◎ 本書以 POD 印製發行